삼법인 · 중도

불교교리총서 ❸

삼법인 · 중도

초　판　1쇄 펴낸날　1999년 5월 10일 (초판 16쇄 발행)
　　　　3쇄 펴낸날　2024년 3월 27일

지은이　김현준
펴낸이　김연지
펴낸곳　효림출판사

등록일　1992년 1월 13일 (제2-1305호)
주　소　서울특별시 서초구 반포대로14길 30, 907호 (서초동, 센츄리 I)
전　화　02-582-6612, 587-6612
팩　스　02-586-9078
이메일　hyorim@nate.com

값 6,000원

ⓒ 효림출판사 2013
ISBN 978-89-85295-73-4 03220

잘못 만들어진 책은 바꾸어 드립니다.
이 책은 저작권법에 따라 보호를 받는 저작물이므로 무단전재와 무단복제를 금지합니다.

삼법인 · 중도

김현준 지음

효림

서 문

　삼법인三法印이 제행무상諸行無常·제법무아諸法無我·열반적정涅槃寂靜이라는 것은 대부분의 불자들이 잘 알고 있습니다. 그러나 이 세가지 가르침을 왜 '법인法印'이라 하였으며, 이 셋이 어떠한 연결고리를 형성하고 있는지를 아는 이는 매우 드뭅니다.
　법인이란 무엇인가? 법인의 '법法'은 불법佛法·불교를 말하며, '인印'은 왕의 도장인 옥쇄가 그 나라 어느 곳에서든 통용이 되듯이, 진실하고 영원한 진리이므로 어디에서나 통용되고 누구에게나 적용이 된다는 것을 비유한 단어입니다.
　곧, 법인은 법의 도장, 진리의 도장입니다. 진짜 불법이 이것이요, 누구든지 이것을 분명히 체득하면 부처님의 세계로 곧바로 들어갈 수 있는 인증서와 같은 것입니다.
　실로 삼법인은 불교의 특징입니다. 다른 종교나 사상

과 뚜렷이 구분되는 불교만의 교설인 것입니다. 물론 삼법인의 한 가지씩만을 논하면 다른 종교나 사상에도 이와 같은 가르침이 있습니다. 그러나 이 셋을 연결시켜 깨달음의 세계로 이끌어들이는 것은 불교에서만 찾아볼 수 있는 불교만의 특징인 것입니다.

이러한 특징 때문에, 불교 안에서도 삼법인을 모든 교설의 참됨과 그릇됨을 가리는 기준으로 삼았습니다. 곧, 삼법인은 부처님의 정각正覺을 단적으로 나타낸 것이므로, 어느 불경이든 법인사상에 합치하면 이를 부처님의 진설眞說이라 인정하였고, 만약 법인사상에 어긋나면 이를 바른 불설佛說이 아니라고 판정하였습니다. 삼법인이야말로 불변의 진리요, 가장 기초가 되는 진리라는 것입니다.

중도中道 또한 부처님께서 최초로 주창하신 불교 특유의 사상입니다. 부처님 이전의 다른 종교나 철학에서는 이 중도사상을 찾아 볼 수가 없습니다. 곧 석가모니께서 이 중도의 이치를 발견하여 수행을 함으로써 정각正覺을 이루어 부처님이 되신 것입니다.

바꾸어 말하면 중도는 부처를 이루는 성불成佛의 길입니다. 따라서 누구나 부처님이 되고자 하면 이 중도를 이해하고 실천하고 중도에 이르러야 합니다.

그러나 중도中道는 한문의 풀이처럼 '가운데 길'이 아닙니다. 적당한 길이 아닙니다. 중도는 참으로 간략하면서도 심오한 뜻을 간직하고 있습니다.

이제 부처님께서 닦고 깨닫고 체득했던 삼법인의 가르침과 중도 속으로 들어가, 부처님의 경지로 향하는 여행을 함께 떠나 보도록 합시다.

불기 2557년 새해아침
김현준 拜

차 례

서문 / 5

삼법인三法印　　　　　　　　　　　11

삼법인의 가르침 속에 깃든 의미 / 13
- 삼법인은 불교의 시작과 끝 / 13
- 무상과 무아를 체득하면 열반의 경지로 / 22

제행무상諸行無常 / 29
- 모든 것은 변화한다 / 30
- 제행무상 속의 세 가지 깨우침 / 41

제법무아諸法無我 / 47
- 무아의 '아我'는 자아自我 / 48
- '나'는 무명에 쌓인 허깨비 / 55
- 다시금 '나'를 비추어 보라 / 61

열반적정涅槃寂靜 / 75
- 삼독의 불이 꺼지면 열반 / 75
- 열반의 4덕 / 81

중도中道　　　　　　　　　　85

부처님의 정각正覺과 중도 / 87
- 쾌락의 궁중생활 / 88
- 6년 고행 / 96
- 중도가 성불의 길 / 102
- 중도로 초전법륜을 / 113

중도 속의 수행과 삶 / 119
- 거문고 줄을 고르듯 / 119
- 중도의 삶이 제일 가는 즐거움 / 126
- 참회하고 축원하며 중도를 / 133

팔부중도와 삼제三諦 / 137
- 용수보살의 팔부중도八不中道 / 137
- 공가중空假中 삼제三諦 / 144

삼 법 인
三法印

삼법인의 가르침 속에 깃든 의미

제행무상(諸行無常)

제법무아(諸法無我)

열반적정(涅槃寂靜)

삼법인의 가르침 속에 깃든 의미

삼법인은 불교의 시작과 끝

불교만의 특징이요 불교의 핵심인 삼법인을 말 그대로 해석하면 참으로 간단합니다.

① 제행무상 : 변화하는 모든 것은 덧없다
② 제법무아 : 모든 것은 무아無我이다
③ 열반적정 : 번뇌없는 열반에 이르면 평화롭다

이 세가지는 서로 떨어져 있는 듯하지만 매우 밀접하게 연결되어 있습니다. 이 셋을 연결시켜 결론부터 밝히겠습니다.

제행이 무상無常한 줄을 분명히 알아야 부처가 되겠다는 무상발심無上發心을 할 수가 있고, 무상발심을 하여 제법무아의 도리를 체득하면 열반적정을 이루어 부처님이 된다.

더 쉽게 이야기하면, **제행무상이요 제법무아라는 것을 철저히 알면 열반적정을 이루게 된다**는 것입니다. 불과 12자의 짧은 글 속에 불교의 시작에서 끝까지가 고스란히 담겨져 있으며, 이 삼법인을 잘 이해하면 불법의 세계 속에서 자유로이 노닐 수 있게 됩니다.

이제 대부분의 불자들이 잘 알고 있는 두 편의 이야기를 함께 음미하면서 세가지 법인의 고리를 다시금 엮어보고자 합니다.

❀

석가모니부처님의 전생, 설산동자雪山童子시절의 이야기입니다.

설산동자는 청정한 설산雪山에서 세속적인 모든 욕심을 버리고 무상대도無上大道를 구하기 위해 힘든 고행을 하고 있었습니다. 그때 하늘의 제석천왕帝釋天王을 비롯한 많은 천신이 그 고행자를 보고는 이야기를 나누었습니다.

"참으로 이상한 일이로다. 저 고행자는 인적이 끊어진 설산에서 먹고 싶은 것을 먹지 않고, 가지고 싶은 것을 갖지 않고, 하고 싶은 일을 하지 않으면서 수행에만 힘쓰고 있다. 저 사람은 무엇을 위해 저토록 힘든 고행을 닦고 있는 것일까?"

"저렇게 한량없는 복을 지어 무엇을 하려는 걸까? 혹시 제석천왕 자리를 노리고 있는 게 아닐까?"

"아닙니다. 단지 제석천왕의 자리를 탐내는 자가 저런 고행을 하겠습니까? 저 사람은 아마도 모든 것이 무상하다는 것을 아는 무상심無常心을 깊이 체득하여, 위없는 깨달음인 무상대도無上大道를 이루고자 하는 사람일 것입니다."

제석천왕은 여러 천신의 말을 들은 다음 입을 열었습니다.

"비유컨데, 마갈어가 수억만 개의 알을 낳지만, 그 알이 모두 부화되어 큰 물고기가 된다는 보장은 없다. 마찬가지로 무상대도를 이루겠다고 발심(發心)을 하는 사람은 많지만, 무상대도를 성취하는 자는 극히 드물다. 내가 친히 시험해 보리라."

제석천왕은 곧바로 사람을 잡아먹는 흉측한 나찰귀신으로 모습을 바꾸고 설산으로 내려가, 동자가 수행하는 곳 가까이에 앉아 게송을 읊었습니다.

변천하는 모든 것은 덧없나니
이것이 생멸生滅의 법이라네

  諸行無常 제행무상
  是生滅法 시생멸법

설산동자는 어디선가 들려오는 노랫소리에 귀를 기울였습니다.

"아니, 어디에서 이렇게 훌륭한 법문이 들려오는가? 어디에서 이와 같은 반쪽의 여의보주가 쏟아졌는가?"

사방을 둘러보았지만 주위에는 오직 흉측하게 생

긴 나찰만이 저쪽 바위 위에 웅크리고 앉아 있을 뿐이었습니다.

"혹시 당신께서 노래를 부르셨습니까?"

"내가 너무 배가 고파 그런 헛소리를 했는지도 모르오."

"당신은 무엇을 먹고 삽니까?"

"놀라지 마시오. 나는 산 사람의 따뜻한 고기와 피를 먹고 사는 나찰귀신이라오."

"조금 전에 설한 법문은 반쪽밖에 안 됩니다. 나머지 반쪽을 마저 들려주신다면 기꺼이 이 몸을 드리겠습니다."

"그걸 어떻게 믿겠소."

"내가 당신께 이 몸을 보시한다는 것을 천지 신명께 맹세하겠소."

"그렇다면 잘 들으시오. 행자여."

나고 죽는 법이 다 없어지면
적멸寂滅의 즐거움을 누리리라

    生滅滅已   생멸멸이

    寂滅爲樂   적멸위락

나머지 게송을 듣고 난 뒤 행자는 나무와 돌, 땅에 부지런히 게송을 쓴 다음 높은 나무 꼭대기로 올라갔습니다.

"시방제불十方諸佛이시여, 일언반구一言半句를 위해 이제 이 몸을 버리오니, 저를 증명해 주소서."

그리고는 나찰의 입을 향해 몸을 던졌습니다. 그 순간 허공에서는 온갖 음악 소리가 울려퍼졌고, 나찰귀신은 제석천왕의 모습으로 돌아와 설산동자의 몸을 허공에서 살며시 받아 평지에 내려놓았습니다. 제석천왕을 비롯한 여러 천인들은 설산동자의 발 아래 예배하며 찬탄하였습니다.

"장하셔라, 당신은 진정한 보살입니다. 무명 속에서 법의 횃불을 켜고 한량없는 중생을 이롭게 하려 하십니다. 저희는 부처님의 높은 법을 지극히 아끼옵기에 시끄럽고 번거롭게 하였습니다. 저희의 참회하는 정성을 받아 주시어 무상대도를 이루시면 제도해 주소서."

제석천왕과 모든 하늘 대중들은 다시 설산동자에게 예배하고 물러갔습니다.

석가모니불께서는 이 이야기를 제자들에게 들려

주신 다음, '전생의 설산동자 시절, 반 게송을 위해 몸을 버린 인연으로 성불의 시기를 12겁劫이나 앞당겨, 미륵보살보다 먼저 부처가 되었다'고 하셨습니다.

∽

　諸行無常　　변천하는 모든 것 덧없나니
　是生滅法　　이것이 바로 생멸법일세
　生滅滅已　　생멸의 법이 다 멸하면
　寂滅爲樂　　적멸의 즐거움을 누리리

설산동자가 목숨을 바쳐 듣고자 했던 이 게송 중 앞의 두 구절은 세속의 모습이요, '적멸위락'은 진리의 세계·부처님의 세계에 대한 표현이며, '생멸멸이'는 세속에서 부처님의 세계로 건너가는 방법을 말한 것입니다.

'**제행무상 시생멸법**'은 삼법인의 '제행무상'을 조금 더 부연 설명한 것으로, 우리가 제행무상한 생멸법 속에 살고 있다는 것을 깨우쳐 주고 있습니다. 모든 것이 덧없다는 것을 분명히 알아야 하고, 나고 죽는 법칙 속에서 살고 있다는 것을 확연히 인식해야 한다는 것입니다.

그렇다면 제행무상이라는 생멸법에 사로잡혀 덧없이 살다가 죽어야만 하는가? 아닙니다. 무상한 생멸법을 직시하여 생멸법을 멸하며 살 수 있어야 합니다.

생멸멸이生滅滅已! 과연 어떻게 하여야 생멸법을 멸할 수 있는가? 그 방법이 삼법인의 두번째인 제법무아諸法無我입니다. '나'와 '나의 대상'이 되는 모든 것(諸法)이 무아無我임을 깨우치면 생멸의 법이 저절로 멸하며, 생멸의 법이 멸하면 적멸의 낙을 누리게 되는데, 이것이 삼법인의 마지막인 열반적정涅槃寂靜입니다.

적멸위락의 '적멸寂滅'은 범어 '열반'을 뜻에 맞추어 번역한 것이요, 열반의 낙樂은 그야말로 적정寂靜속에 간직되어 있는 것이기 때문에, '적멸위락'과 '열반적정'은 조금도 차이가 없습니다.

부탁드리오니, 삼법인과 이야기 속의 게송을 꼭 암송하십시오. 그리고 이 두가지를 연결시켜 그 속의 가르침을 마음에 새기십시오.

"제행무상의 생멸법을 분명히 알아서, 생멸멸이의 법인 제법무아의 도리를 익혀가면, 열반적정의 상태를 이루어 적멸의 낙을 누리며 살게 된다."는 것을!

 딱딱한 한자용어를 많이 사용하여 다소 어렵게 느껴졌을 것입니다. 이제 한편의 널리 알려진 이야기를 통하여 쉽게 풀어보고자 합니다.

무상과 무아를 체득하면 열반의 경지로

❁

누구나 다 알고 있듯이 부처님의 최초 제자는 녹야원에서의 초전법륜初轉法輪때 귀의한 다섯 비구이고, 다섯 비구 다음으로 아라한이 된 분은 야사耶舍입니다.

야사는 바라나시에 살고 있는 대부호의 아들로, 아내를 비롯한 수많은 시녀들에게 둘러싸여 날마다 애욕의 생활 속에 빠져 있었습니다. 어느 날 밤, 여인들과의 쾌락을 즐기던 야사는 그 자리에 쓰러진 채 잠이 들었고, 지친 여인들도 모두 잠이 들었습니다. 그리고 한밤중이 되어 문득 잠을 깬 야사의 눈에는 뜻밖의 광경이 쏟아져 들어왔습니다.

어떤 여인은 비파를 옆에 낀 채 침을 흘리며 자고 있었고, 어떤 여인은 다리를 다른 사람의 배 위에 걸친 채 잠꼬대를 하고 있었습니다. 지워진 화장에 머리를 산발한 채 흐트러진 자세로 잠을 자는 여인들…….

그 모습은 깨어 있을 때의 곱고 아름다운 자태와

는 전혀 다른 것이었습니다. 마치 눈앞에 묘지를 보는듯한 심한 혐오감과 무상감에 사로잡힌 야사는 자신도 모르게 소리쳤습니다.

"아, 괴롭다! 싫다! 한심스럽다!"

야사는 문을 박차고 거리로 뛰쳐 나갔습니다.

"아, 괴롭다! 싫다! 한심스럽다!"

야사는 끊임없이 이 말을 되풀이하며 정처없이 발걸음을 옮겼고, 먼동이 틀 무렵에는 녹야원에 이르러 있었습니다. 부처님께서는 언제나처럼 아침 일찍 일어나 사슴의 동산인 녹야원을 거닐다가, '괴롭다! 싫다! 한심스럽다!'를 되풀이하며 외치는 야사에게 말을 걸었습니다.

"젊은이여, 이곳에는 괴로운 것도 싫은 것도 한심스러운 것도 없다. 젊은이여, 여기 앉아라. 그대를 위해 법을 설하여 주리라."

부처님의 평화스러운 모습에 마음이 끌린 야사는 자신도 모르게 무릎을 꿇고 예배를 드린 다음 자리에 앉았습니다.

"① 야사야, 모든 것은 시시각각 변화한다. 끊임없이 변화하므로 덧없는 것이요, 덧없음으로 괴로운 것이다. 너 또한 마찬가지이다. 육체는 자꾸만 늙어가고 생각은 끊임없이 변화하기 마련이다.

②야사야, 진실로 불변의 '나我'라고 내세울 만한 것은 찾을 수가 없다. 그러나 사람들은 현실의 '나'에 집착하여 덧없음을 보지 못할 뿐 아니라, 괴로움으로부터 벗어나려고도 하지 않는다. 다행히 네가 오늘 인생의 덧없는 모습을 깨달았으니, 이 얼마나 기특한 일이냐."

부처님의 말씀에 깊이 공감한 야사는 마음의 안정을 되찾았을 뿐 아니라, 지금까지 몰랐던 진리의 세계에 눈을 떴습니다. 진정한 해방감을 만끽한 야사는 부처님께 '제자로 삼아줄 것'을 간청하였고, 부처님께서는 불·법·승 삼보에 귀의할 것을 스스로 다짐하는 삼귀의계三歸依戒를 주고 제자로 삼았습니다.

이어 부처님께서 사제四諦와 팔정도八正道의 가르침을 설하자, 야사는 곧 깨달음을 얻어 아라한이 되었습니다. 불교교단의 여섯번째의 아라한이 탄생한 것입니다.

8

"아, 괴롭다! 싫다! 한심스럽다!"

여인과의 쾌락 속에 빠져 살았던 야사가 잠자는 여인들을 보고 느낀 것은 제행무상諸行無常이 아니었습니다. 실망감이요, 혐오감이었습니다. 허탈감이었습니다. 그러나 실망과 혐오와 허탈감은 부처님의 말씀 한마디에 진리의 세계로 나아가는 빛으로 바뀌었습니다.

① 야사야, 모든 것은 시시각각으로 변화한다. 끊임없이 변화하므로 덧없는 것이요, 덧없으므로 괴로운 것이다. 너 또한 마찬가지이다. 육체는 자꾸 늙어 가고 생각은 끊임없이 변화하기 마련이다.

야사는 이 말씀을 통하여 제행무상의 이치를 깨달았습니다. 미녀들의 모습을 통하여 짧은 시간이나마 사무치게 느꼈기 때문에 제행무상이라는 것을 확실히 깨달은 것입니다. 하지만 부처님께서는 여기에서 가르침을 멈추지 않았습니다. 한걸음 더 나아갈 수 있는 가르침을 주셨습니다.

　② 야사야, 진실로 불변의 '나'라고 내세울 만한 것은 찾을 수가 없다. 그러나 사람들은 현실의 '나'에 집착하여 덧없음을 보지 못할 뿐 아니라, 괴로움으로부터 벗어나려고도 하지 않는다.

부처님께서는 이 말씀을 통하여, 우리가 무상한 현실 속에 파묻혀 괴롭게 살아가는 까닭은 '나'에 대한 집착 때문이며, '나'라고 내세울 만한 것이 없다는 무아無我의 이치를 확연히 알게 되면 어떠한 괴로움도 능히 벗어버릴 수 있다는 것을 깨우쳐 주고 있습니다. 곧, 제법무아를 설하신 것입니다.
　이에, 무상과 무아의 도리를 깨달은 야사는 마음의 안정을 되찾았고, 진리의 세계로 깊이 들어서고자 부처님의 제자가 되었습니다. 그리고 부처님께서 무아를 이루는 법문인 사제와 팔정도를 설하자, 야사는 곧 깨달아 아라한이 되었습니다. 열반적정을 이룬 것입니다.
　우리도 삼법인을 철저히 '나'의 것으로 만들면,

야사처럼 한 순간에 최고의 경지인 아라한이 될 수 있습니다.

"제행무상을 알고 제법무아를 체득하라. 그 자리가 열반적정이라네."
"제행무상하고 제법무아인 줄만 잘 알면 열반적정에 이르나니…."

가끔씩은 "제행무상 · 제법무아 · 열반적정"을 외워보십시오. 염불처럼 주문처럼 외워보십시오. 위의 예처럼 세 구절을 연결하는 문장을 만들어 봄도 좋고, 그냥 삼법인만 외워도 좋습니다. 틀림없이 현실의 어려움을 극복할 뿐 아니라, 새 삶의 문이 열릴 것입니다.
법인法印! 이 삼법인이야말로 불교의 진수요 근본이라는 것을 꼭 기억하시기를 바라며, 이제 삼법인의 각론으로 들어가겠습니다.

제행무상 諸行無常

> 범어 : **아니티아 사르바삼스카라**
> (anityāḥ sarvasaṃskārāḥ)
>
> ⊙ **아니티아 = 아 + 니티아**
> · 니티아는 '상(常)·영원·불변'
> · 앞에 붙은 아(a)는 부정의 뜻.
> 따라서 아니티아는 '영원하지 않다', '변한다'는 뜻
>
> ⊙ **사르바삼스카라 = 사르바 + 삼 + 스 + 카라**
> · 사르바는 '모든'
> · 삼(sam)은 '모여·함께'
> · 스(s)는 발음상 첨가된 글자
> · 카라는 '행(行)·만들다·흘러가다'
> 따라서 사르바삼스카라는 '여러 조건들이 함께 모여 형성되고 흘러 가는 모든 것'이라는 뜻

모든 것은 변화한다

제행무상諸行無常의 범어인 '아니티아 사르바산스카라'는 '여러 조건들이 모여 형성되었고, 흘러가는 모든 것은 항상되지도 불변하지도 않다'는 뜻을 지니고 있습니다.

곧, 인因과 연緣이 모여 생겨난 것은 모두 '영원하지 않다, 끊임없이 변화한다, 덧없다, 오래 못간다'는 것을 천명한 가르침입니다.

인연이 모여 생겼다가 인연따라 변했다가 인연이 다하면 사라지는 우리네 인생과 모든 현상들은 잠시도 정지하지 않고 생멸변화합니다. 끊임없이 변하고 덧없이 변합니다. 변하지 않기를 바라는 마음이 아무리 클지라도 흐름의 길을 따라 움직여 갑니다.

이렇듯 제행이 무상하다는 것은 인생살이나 눈 앞의 현상을 통하여 경험할 수 있는 것이요, 특별한 증명을 필요로 하지 않는 것이기 때문에 삼법인 중 제행무상을 가장 앞쪽에 둔 것입니다.

실로 제행무상의 가르침은 이해하기 어려운 것이

아닙니다. 조금만 생존의 길을 거닐어 본 사람이라면 끊임없이 변하고 덧없다는 것을 이해할 수 있습니다. 굳이 우주와 자연의 변화까지 논할 것도 없습니다.

태어난 이 몸은 늙고 병들고 죽습니다. 육신의 세포는 죽어가고, 뇌 속의 신경세포는 퇴화합니다. 꼭 나이가 들어야 주름이 생기는 것도 아닙니다. 기분 따라 얼굴의 표정이 항상 변합니다.

특히 나의 생각과 감정은 참으로 예측할 수 없을 만큼 변화가 심합니다. 생각이나 감정들은 일어났다가 잠시 머물고는 다른 생각에 밀려 곧 사라집니다.

고유한 개성이라고 주장하는 나의 성격 또한 믿을 것이 못됩니다. 그 성격은 단지 마음의 흐름일 뿐입니다. 생각처럼 일이 잘되면 기분 좋아라 하다가, 잘되지 않으면 순식간에 기분이 나빠집니다.

시간과 공간도 나의 편이 아닙니다. 인연 따라 사는 곳과 활동하는 곳을 달리하면 새롭게 적응해 나가야 합니다. 시간 또한 잡을 수가 없으니, 과거는 이미 흘러갔고 미래는 오지 않았으며 현재는 머무르지 않습니다. 이렇듯 끊임없이 변화하는 시간과 공간이 나를 자유롭지 못하게 만들고 나를 바꾸어 놓습니다.

사랑하는 사람도 마찬가지입니다. 아무리 사랑하여도 영원히 함께하지 않으며, 그 사랑도 환경 따라 의지 따라 바뀝니다.

무상無常! 나는 변화합니다. 나의 환경도 변화합니다. 환경이 나에게 미치는 영향도 변화합니다. 나와 나를 둘러싸고 있는 모든 것은 어느 때 어디에서나 확실함을 보장해 주지도, 계속 존재하지도 않습니다.

그야말로 모두가 흘러가는 것이요 덧없는 것입니다. 그래서 인생무상人生無常이라 하는 것입니다.

제행무상! 누가 이것을 모르겠습니까? 그러나 이것을 잊고 사는 인간은 참으로 많습니다. 잊고 살다 보니 '나'는 그렇지 않은 듯이 착각을 합니다. '나'는 무상으로부터 떠나 있는 듯이 생각을 합니다. 그리하여 무상한 인생 전체의 흐름을 보지 못하고 눈 앞의 문제에만 매달려 삽니다.

무엇보다 먼저 이 착각에서 벗어나야 합니다. 이

착각에서 벗어나야 무상 속에서 새롭게 태어날 수가 있고, 참으로 잘 살 수가 있습니다.

✿

 부처님 당시에 고타미(한문으로 喬答彌) 라는 여인이 있었고, 그녀의 첫 아기는 태어난지 1년여 만에 병으로 죽었습니다. 비탄에 빠진 그녀는 아기의 시신을 끌어안고 거리를 헤매며 사람들에게 매달렸습니다.
 "우리 아기를 살려 주십시오. 우리 아기를 살릴 수 있는 약을 주십시오."
 실성하다시피한 그녀는 이 마을 저 마을을 돌아다니며 만나는 사람마다 붙잡고 애원을 했습니다. 어떤 사람은 그녀를 동정하였고, 어떤 사람은 그녀를 무시했습니다. 또 어떤 사람은 미쳤다고 했습니다. 하지만 그녀는 죽은 아기를 살리겠다는 염원 하나로 사람들에게 호소했습니다. 사람들은 그 가여운 여인에게 마지못해 말했습니다.
 "아마 부처님이라면 죽은 사람을 살려내는 기적을 일으킬 수 있을지도 모르지. 부처님을 찾아가 보시오."

 부처님을 찾아간 고타미는 부처님의 발 아래 엎드려 애원을 했습니다.

 "부처님, 제발 이 아기를 살려주십시오. 하나밖에 없는 이 자식을 혼자 몸으로 금지옥엽처럼 키웠는데 그만 죽고 말았습니다. 부디 우리 아기를 살릴 수 있는 약을 주십시오."

 자비심으로 귀를 기울이던 부처님께서는 부드럽게 말했습니다.

 "오, 가엾도다. 지금 마을로 내려가 해가 지기 전까지 한 번도 사람이 죽지 않은 집안의 겨자씨를 하나만 얻어 오시오. 겨자씨를 얻어오면 아기를 살릴 수 있는 약을 주리다."

 여인은 아기를 살릴 수 있게 해준다는 말에 귀가 번쩍 뜨여, 단숨에 마을로 내려가 첫번째 집을 찾았습니다.

 "이 집안에서 사람이 죽은 일이 있습니까?"

 "있다마다요. 부모님은 다 돌아가셨고, 몇년 전에는 전염병으로 귀여운 자식을 잃었습니다."

 여인은 옆집을 찾았습니다.

"댁에 사람이 죽은 적이 있습니까?"

"물론이요. 이전은 말할 것도 없고 작년에 형님 내외분이 괴질로 세상을 떠났습니다."

세번째와 네번째 집도 마찬가지였고, 종일토록 이 집에서 저 집으로 이 마을에서 저 마을로 헤매었건만, 그녀는 사람이 죽지 않은 집을 한 집도 찾을 수가 없었습니다. 끝내 겨자씨를 얻지는 못하였지만 그녀는 깨달았습니다.

'아, 태어나면 반드시 죽게 마련이구나. 어찌 내 아기만 예외일 수 있으리!'

무상의 이치를 절감한 그녀는 화장터로 가서 아기의 시신과 고별을 하고 다시 부처님을 찾았습니다.

"여인이여, 겨자씨를 가져왔습니까?"

"아닙니다. 사람이 죽지 않은 집안을 찾을 수 없었기에 겨자씨를 구하지 못했습니다. 하오나 부처님께서 저에게 겨자씨를 얻어오라고 하신 까닭은 알았습니다. 자식을 잃은 비통함 때문에 눈이 멀어, '저 하나만 죽음의 손아귀에서 신음한다'고 착각했습니다."

"그런데 여인이여, 왜 다시 나를 찾아온 것이오?"

"죽음이 무엇이며, 죽음 뒤에는 무엇이 있는가? 죽지 않는 법은 없는가에 대한 가르침을 구하고자 왔습니다."

"여인이여, 그대가 삶과 죽음의 진리를 알고자 한다면 한 가지 변치 않는 법칙에 대해 숙고해야 합니다. 그 법칙은 제행무상! 모든 것은 변한다, 모든 것은 덧없다는 것입니다. 그대는 아기의 죽음을 통하여 우리가 살고 있는 이 세계가 무상하고 괴로움이 가득한 세계임을 알게 되었습니다. 무상을 통해 고통을 체험한 그대는 이제 해탈법을 배울 준비가 되었습니다. 그대의 마음은 진리를 향해 열려 있습니다. 나는 그대에게 해탈법을 보여줄 것입니다."

고타미는 이 말씀을 듣고 깨달음을 얻어 출가하였습니다. 그리고 비구니 가운데 부처님의 대표적인 큰 제자가 되어 삶의 마지막 순간까지 부처님을 따랐습니다.

§

여인 고타미의 이야기는 우리에게 삶의 지침을 깨우쳐 주고 있습니다.

① 제행무상은 우주와 인생의 대법칙이라는 것
② 무상이 나만의 일이라고 착각하면 안 된다는 것
③ 무상을 잘 받아들일 때 깨달음을 얻고 보다 잘 살 수 있게 된다는 것

등입니다.

난치병·사고·파산·실직·죽음 등의 선고가 내려질 때 우리는 '왜 하필이면 나 또는 나의 가족에게 이와 같은 일이 생기는가' 하며 슬픔에 빠져듭니다. 그리고 스스로 또는 누군가를 원망하고, 다가선 무상살귀無常殺鬼를 외면하려 합니다.

그러나 그와 같은 슬픔과 원망과 회피는 해결의 요인이 되지 못합니다. 오히려 무상을 깊이 느낄수록 무상과 정면으로 맞서야 합니다. 정면으로 맞서 무상을 긍정하고 무상함을 받아들여야 합니다.

실지로, 찾아든 무상無常도 무상無常하기 때문에 그 무상을 극복할 수 있습니다.

흔히들 무상이라고 하면 늙음·병듦·죽음 등과 같은 비극적인 변화를 연상하는 경우가 많지만, 무

상이라는 단어는 나쁜 변화 뿐 아니라 좋게 전개되는 것까지 포함하고 있습니다. 무상하기 때문에 슬픈 일도 생기지만, 무상하기 때문에 불행을 행복으로 돌려놓을 수도 있습니다.

그럼 어떻게 하여야 불행을 행복으로 바꿀 수 있는 것인가?

❦

1995년 가을, 나는 해인사 지족암으로 일타큰스님을 찾아뵙고 책 출판에 대한 이야기를 하고 있었습니다. 그때 마침 스님을 오래도록 믿어왔던 50대의 여자 신도가 찾아와 왈칵 눈물을 쏟으며 말했습니다.

"스님, 제가 위암 말기랍니다. 의사가 앞으로 몇 달 못살 것이라고 했습니다. 스님, 저는 지금 죽어가고 있습니다. 저를 살려주세요."

그런데 죽어간다는 사람 앞에서 스님은 환한 표정을 지으며 '허허'하고 웃었습니다. 그녀가 놀란듯이 스님을 바라보자, 일타스님은 자비심이 가득한 음성으로 말했습니다.

"보살아, 우리는 모두 죽어가고 있다. 나도 지금 난치병과 함께 몇 년을 살고 있다. 태어난 존재는 모두 죽는다. 단지 시간이 문제다, 우리들 중에서 누군가가 먼저 죽게 될 뿐이다."

누구나 죽는다는 스님의 말씀에 그녀는 눈물을 거두고 평온한 얼굴로 법문을 청했습니다. 일타스님은 '죽음을 받아들이라'는 가르침과 함께, 죽어가는 과정과 죽음이 가져다 주는 의미, 그리고 기도하는 방법을 일러주셨습니다.

그날부터 그녀는 죽음을 현실로 받아들이고, 냉철하게 죽음을 직시하며 열심히 기도를 했습니다. 그 결과, 몇 달 못산다던 그녀에게서 암의 자취가 사라진 것은 물론, 수 년 전에 만났더니 '건강한 몸으로 철마다 선방을 찾아 정진하고 있다'고 하였습니다.

༄

이 보살의 경우처럼, 불교 집안에서는 시한부 선고를 받고 기도를 하여 병을 치유하고 소원을 이룬 영험담이 많이 전해지고 있습니다. 그러나 기도를 한다고 하여 모두가 난치병·파산·실직·사고·

죽음 등을 면할 수 있는 것은 아닙니다. 먼저 기도나 수행을 하기 전에 올바른 마음가짐, 올바른 자세를 갖추어야 성취를 볼 수 있습니다.

곧 죽음·파산·실패 등의 무상한 현실을 분명히 받아들여 삶의 태도를 바꾸어야만 기도의 가피가 함께 한다는 것입니다.

실로 불교에서는 난치병·파산·실직·실패 등을 일종의 경고로 받아들입니다. 그동안 우리가 그릇된 방식으로 살았거나 우리의 근원을 무시한 데 대한 경고로 삼는 것입니다.

우리에게 무상과 고난이 찾아왔을 때 이를 인생의 경고로 받아들여 삶의 방향을 근본적으로 바꾼다면, 건강이나 사업만이 아니라 '나'의 존재 전체를 치료하고 혁신할 수 있습니다.

정녕 부처님께서 제행무상의 법인을 천명하신 까닭은, 무상 속에서 포기하거나 비참하고 타락된 삶을 살라는 것이 아닙니다. 무상을 직시하여 향상의 길·영광의 길·영원의 길로 나아가게끔 하기 위함이었습니다. 완전한 해탈, 완전한 행복을 얻게 하기 위함이었습니다.

제행무상 속의 세 가지 깨우침

이제 부처님께서 삼법인의 첫번째인 제행무상을 통하여 우리로 하여금 얻게 하고자 했던 깨우침을 세 가지로 요약해보겠습니다.

첫째, 무상無常을 통하여 무상발심無上發心을 하라는 것입니다.

인간의 삶은 대부분 업業의 흐름따라 흘러가기 때문에, 특별한 계기가 없으면 인생이 무상하다는 것을 느끼지도 못하고 근원을 돌아보려고도 하지 않습니다. 그러다가 부모·형제·자식·배우자·친구 등의 가까운 사람이 죽거나, 자신이 파산하고 질병 등에 걸릴 때 무상함을 느낍니다. 그리고 이 무상함, 이 허무감에서 스스로의 무기력함과 부족함에 젖어들어 자포자기하는 경우가 많습니다.

그러나 이때가 전환의 기회입니다. '나'를 바꿀 수 있는 기회입니다. 부족함을 느낄 때 자기를 되돌아 보게 되고, 자기를 되돌아봄에 의해 지금까지 가려져 있던 바른 눈이 트이기 때문입니다.

나아가 평소에 관심을 두지 않았던 인생의 근본문제를 생각하고, 보다 가치를 두어야 할 것이 무엇인가를 찾게 되면, '나'는 크게 바뀌기 시작합니다.

특히 그 열망이 진한 사람일수록 생사의 근본문제를 해결하여 고해苦海로부터 해탈하겠다는 발심을 하게 됩니다. 곧, 발보리심發菩提心! '부처님이 되겠다, 부처님처럼 되어 자리이타의 삶을 이루겠다'는 무상보리심無上菩提心을 발하게 되는 것입니다.

정녕 인생의 무상함을 느낄 때가 향상의 기회요, 무상발심의 기회입니다. 무상이 느껴질 때, 그 무상을 발판으로 삼아 자비와 지혜가 충만된 무상보리심을 발하여야 하며, 이것이 부처님께서 제행무상의 법인을 설하신 첫번째 까닭입니다.

둘째, 제행무상의 법인을 통하여 집착을 놓게 하기 위함입니다.

인생에 있어 집착은 모든 문제를 일으키는 근본이 됩니다. 모든 것이 변화함에도 불구하고, 인간은 변하지 않기를 바라는 무언가에 결사적으로 집착을 하고, 집착하는 것을 내려놓기를 꺼려합니다. 어찌면 덧없음을 두려워하기 때문에 더욱 결사적으로 집착을 하는지도 모릅니다. 그리고 집착을 하여야 행복을 보증받을 수 있다고 착각을 하는지도 모릅니다.

그러나 자신의 인생을 향상의 길로 이끌려면, 나와 주위를 행복하게 만들려면, 집착을 놓아버려야 합니다. 물론 집착은 행복을 추구하려는 욕망에서 나온 것이요, 행복을 추구하려는 욕망이 나쁜 것은 아닙니다.

그러나 어리석은 인간은 본래 집착할 수 없는 것, 집착하여서는 안 되는 것까지 집착을 합니다. 생로병사의 흐름을 막는 것, 업따라 인연따라 만나고 헤어지는 것은 집착으로 해결될 수 있는 것이 아닙니다. 오히려 이들 문제에 대해서는 '집착을 하는 만큼 고통만 커질 뿐'입니다.

하지만 어느 누구라도 제행무상을 알고 느끼고 받아들이면 집착으로부터 서서히 벗어날 수 있습니다. 집착 때문에 겪어야 했던 마음의 고통들을 벗어버릴 수 있습니다.

물론 처음에는 무상을 경험해도 집착을 놓기가 쉽

지 않을 것입니다. 그러나 계속 제행무상에 대해 생각을 하다보면 집착을 놓아버리는 것이 자연스럽게 느껴지고 마음의 평화를 얻을 수 있게 됩니다.

뿌리깊은 '나'의 어리석음에서 벗어나는데는 오랜 시간이 걸릴지도 모르지만, 제행이 무상하다는 것을 받아들이면 받아들일수록 집착을 쉽게 비울 수 있게 되고, 비우는 만큼 더 큰 행복과 자유를 누릴 수 있게 되는 것입니다.

과연 인생의 행복과 자유를 가로막는 집착을 극복하는 비결은 무엇인가?

오직 무상관無常觀을 확고히 정립하는 방법 뿐입니다. 제행이 무상하다는 것을 확고히 '나'의 것으로 만들 때 우리는 꽉 움켜쥐고 있던 것을 놓아버릴 수가 있고, 집착이 없는 그 마음에서는 크나큰 자비심이 흘러 나오게 됩니다. 집착의 구름이 흩어진 그 곳에 태양이 밝게 빛나듯이….

이상과 같이 집착을 비우고 향상된 삶을 이루어, 자비심 가득한 마음으로 살게끔 하기 위해 부처님께서는 제행무상의 법인을 설하신 것입니다.

셋째, 무상하니만큼 헛되이 시간을 보내지 말고 정진하라는 것입니다.

인간의 몸을 받아 태어나기가 실로 어렵고, 불법을 만나기는 더욱 어렵다고 하였습니다. 그런데도 많은 사람들은 타락의 길로 빠져들고, 욕심과 시기와 반목의 삶을 살다가 갑니다.

정녕 염라대왕은 소식을 수시로 전하여 오건만, 염라대왕을 만났을 때 떳떳하게 살았다고 큰소리칠 수 있는 이가 얼마나 됩니까? 또 언제 염라대왕의 부름을 받을지 누가 알겠습니까?

사람의 몸을 받았을 때, 그리고 불법을 만난 이 생에서 우리는 제행무상을 생각하며 정진의 고삐를 늦추지 말아야 합니다.

일찍이 신라의 원효스님은 『발심수행장發心修行章』을 통해 말씀 하셨습니다.

하루하루	지내면서	날로 악업	쌓아가고
내일내일	미루면서	착한 일은	하지않네
금년 일년	또 일년이	번뇌 속에	한량없고
내년으로	미루지만	보리정진	못하누나

매 시간이	흘러흘러	하루 급히	지나가고
하루하루	흘러흘러	보름 한달	속히 되며
한달한달	계속되어	홀연 일년	지나가고
한해두해	거듭하여	문득 죽음	이르도다
깨진 수레	굴러갈까	늙은 몸이	닦을건가
게으름만	부릴지며	망상만이	가득하네
얼마나	살겠기에	낮과 밤을	헛보내며
살날이	얼마건데	이생마저	닦지않나
헛된 이몸	마친 뒤에	다음생을	어이할까
생각하면	급하구나	급하고도	급하구나

바로 이것입니다. 부처님께서 제행무상을 강조하신 까닭도 무상하니만큼 덧없이 시간을 보내지 말고 시간을 아껴 정진하여 이 생에서 더 높은 경지로 올라서라는 것입니다. 이 간절한 가르침을 어찌 불자인 우리가 잊을 수 있겠습니까?

   부디 제행무상의 도리를 깊이 사유하여, 무상발심 無上發心을 하고, 집착없이 정진하는 향상된 삶을 이루기를 머리 숙여 청하옵니다.

제법무아 諸法無我

범어 : 아나트마나 사르바다르마
(anātmānāḥ sarvadharmāḥ)

⊙ **아나트마나 = 안 + 아트만**
　· 안(an)은 '부정'을 뜻하는 접두사
　· 아트만은 '나(我)'
따라서 아나트마는 '아트만이 없다, 무아(無我)'라는 뜻

⊙ **사르바다르마 = 사르바 + 다르마**
　· 사르바는 '모든'
　· 다르마는 '만들어진 것, 현상, 법(法)'
따라서 사르바다르마는 '생각과 말과 행동 등을 통하여 만들어진 모든 것'이라는 뜻

무아의 '아我'는 자아自我

　제법무아諸法無我의 범어인 '아나트마나 사르바다르마'는 '만들어진 모든 것에는 아트만이 없다', '만들어진 모든 것은 무아이다'는 뜻을 지니고 있습니다.
　여기에서 우리는 '만들어진 것'이라는 단어에 주의를 기울여야 합니다. 만들어지고 만들어진 것들! 이 세상에서 물건만 만들어지는 것이 아닙니다. 자연도 만들어졌고 세계도 만들어졌고 우주도 만들어졌습니다. 사람도 만들어졌고, 무수한 중생들도 만들어졌습니다. 나도 만들어졌으며, 나의 업도 만들어졌습니다.
　부처님께서는 그렇게 만들어진 모든 것에는 '아我'가 없다, '아트만'이 없다고 하셨습니다. 달리 말하면, '만들어진 것은 실체가 없다, 고유하고 변하지 않는 알맹이가 없다'는 것이 제법무아의 가르침입니다.
　실로 만들어진 모든 것은 독자적인 알맹이가 있어서 생겨난 것이 아닙니다. 저 혼자서 생겨난 것이 아닙니다. 모두가 인연소기因緣所起, 인과 연이 맞아서 생겨난 것입니다. 인과 연이 화합하여 만들어지고 생겨난 것이기에 인연이 다하면 사라질 뿐, 고유한 실체가 없다는 것입니다.

 정녕 불변의 실체요 변하지 않는 것은 모든 것을 만들어내는 그 무엇이요, 만들어지기 이전의 그 무엇일 뿐입니다. 그래서 옛 조사스님께서는 질문을 던졌습니다.

 여기 한 물건이 있으니, 본래부터 한없이 밝고 신령하며, 난 것도 아니요 죽음도 없었다. 이름 지을 길 없고 모양을 그릴 수도 없다. 이것이 무엇인가?

 부모미생전父母未生前의 본래면목本來面目이 무엇인가?

'이것이 무엇인가?'
'이 무엇고?'
 바로 '이 무엇'을 깨치면 지금 우리가 고집하고 있는 '나' 이전의 진아眞我를 체득하게 되어 열반적정涅槃寂靜을 이룰 수 있게 된다는 것입니다.

그런데도 우리는 '이 무엇'을 찾기보다는 이미 만들어진 것, 만들어지고 있는 것에 고유한 의미를 부여하며 살아갑니다. 특히 '나'에 대해서는 더욱 그러합니다. 나 자신, 나의 일, 나의 재산, 나의 가족, 나의 사랑 등….

그러나 이 '나'는 진짜 '나'가 아닙니다. 불변의 '나', 영원하고 행복하고 자유자재하고 번뇌가 없는 '나'가 아닙니다. 이 '나'는 자아自我입니다. 스스로가 고집하는 '나'입니다. 인연 따라 만들어진 나요, 인연 따라 변하는 나이며, 신구의身口意 삼업三業으로 만들어진 '나'입니다.

이렇게 만들어지고 만들어진 '나', 스스로가 나라고 고집하는 '나', 현재 나로서 존재하고 있는 '나'는 알맹이가 없을 수 밖에 없으며, 알맹이가 없는 '나'이기에 부처님께서는 무아無我라고 하신 것입니다.

그리고 이 알맹이 없음이 나뿐만이 아니라 나를 둘러싸고 있는 모든 것[諸法] 또한 그러하기 때문에 제법무아의 가르침을 펴신 것입니다.

석가모니부처님께서는 어린 시절부터 '나'의 문제에 대해 심취하셨습니다.

'나'란 무엇인가? 무엇이 진정으로 참된 '나'인가? 그러나 어느 누구에게서도 '나'에 대한 해답을 얻을 수 없게 되자, 스스로 지금의 '나'를 있게끔 만든 근원을 파헤치기 시작했습니다.

그 결과 지금의 '나'가 무명無明으로 인한 업業의 힘에 의해 만들어진 '나'임을 깨우쳤고, 그 무명의 구름을 거두어 진아眞我의 푸른 하늘이 되고 태양을 나타냄으로써 부처가 되신 것입니다.

무명 속의 '나'는 참 '나'가 아니다. 그 '나'는 무아이다. 본래 없는 무아이다. 만약 윤회하는 '나'의 근본이 된 무명을 다시 일어나지 않게 하려면, 지금의 '나'가 무아임을 철두철미하게 자각해야 한다. 나아가, '나'를 둘러싸고 있는 모든 것도 무아라는 것을….

이것이 부처님께서 천명하신 제법무아의 가르침입니다.

하지만 제법무아의 가르침이 지금의 '나'를 무시하라는 것은 결코 아닙니다. 무명의 나, 스스로가 만든 나(自我), 거짓 나(假我)에 사로잡혀 살지 말라는 것이요, 거짓 나를 버리고, 스스로가 만든 자아의 틀에서 벗어나라는 가르침입니다.

실로 이 가르침의 참 뜻은 진아眞我를 찾는데 있습니다. 진아를 회복하여 부처가 되는데 있습니다.

정녕 지금의 우리가 진아를 찾고 부처님이 되고자 한다면 무엇보다 먼저 거짓 나를 버려야 합니다. 스스로가 만든 자아의 틀에서 벗어나야 합니다. 무아가 되어야 합니다. '나'를 버리고 비우고 무아가 되어야만 부처님과 같이 위없는 깨달음을 이룰 수 있습니다.

좋습니다. 위없는 깨달음이 아니라도 좋습니다. 더 잘 살고 싶고, 더 행복하고 더 자유롭기를 원한다면 지금의 '나'가 무아임을 자꾸자꾸 체득해야 합니다.

왜 입니까? 지금 이 자리에서 우리가 '나'로 삼고 있는 이 '나'는 자아自我입니다. 스스로가 생각하는 '나'요, 무명無明에서 비롯된 '나'의 망상과 욕심과 어리석음에 사로잡혀 있는 '나'일 뿐입니다. 그야말로 뜬구름과 같은 가아假我일 뿐입니다.

그런데도 우리는 그 뜬구름과 같은 자아를 '나'라고 고집하며 살고, '내 것'을 고집합니다.

그러나 가만히 생각을 해보십시오. 구름에 실체가 있습니까? 홀연히 일어나 여러 가지 모습으로 변하였다가 문득 사라지는 구름! 우리의 인생도 이 구름과 같습니다. 우리가 그토록 집착을 하는 '나' 또한 구름과 같습니다.

구름에 실체가 없다는 것은 누구나 알고 있습니다. 구름은 실체가 없는 무아無我입니다. 우리가 고집하여 잡고 있는 자아 또한 마찬가지입니다. 자아의 '나'는 원래 없습니다. 구름과 같이 자아의 실체는 원래 없는 것입니다.

어디, 실체가 없는 구름을 잡고 있어 보십시오. 어떻게 됩니까? 결국 허무하게 사라질 뿐입니다. 인연 따라 떠돌다가 흩어지고 맙니다. 그리고 기류를 따라 한 조각의 구름은 또다시 일어나 흐름 따라 짧은 삶을 살다가 소멸됩니다.

자아에 매달려 사는 우리의 인생이 구름과 조금도

다를 바가 없기에, 부처님께서는 참으로 중생들이 이해하기 어려운 법문인 제법무아의 법문을 설하셨습니다. 구름이 실체가 없듯이, 지금 우리가 고집하고 있는 '자아는 무아'라고 설했습니다. 그리고 구름이 아닌 하늘이 되라고 설하셨습니다.

무아를 체득하면 진아眞我인 하늘이 된다. 너희는 원래가 하늘이다. 왜 하늘임을 망각한 채 구름을 잡고 있느냐? 이제 그만 구름에 대한 집착을 놓아버려라. 구름을 비워버려라.

'나'는 무명에 쌓인 허깨비

 부처님께서 설하신 이 '무아'는 대승불교가 일어나면서 '공空'이라는 용어로 정착되고, 중국 선종에 이르러서는 '무심無心' 또는 '무념無念'이라는 단어로 많이 사용하게 됩니다.
 곧 '무아 → 공 → 무심'으로 발전하게 되었고, '무아 = 공 = 무심'의 논리가 정립된 것입니다. 이를 잘 이해하려면 불교의 용어 때문에 갖게 되는 혼돈을 막을 수 있기 때문에 여기에서 굳이 밝혀 둡니다.
 이제 성도 하신 석가모니부처님께서 마가다국의 빈바사라왕을 만나 설하신 무아의 법문을 소개합니다. 이 법문을 통하여 무아의 참뜻을 다시 한번 정리해 보시기 바랍니다.

❀

 "대왕이시여, 만물은 실實이 없는 것입니다. 무상한 것이요, 빈 것이며, 있다고 하지만 없는 것입니다. 이 무상함을 참으로 깨달으면 '나'를 떠날 수 있게 되고 '나'에 대해 집착하지 않게 됩니다.

'나[自我]가 있다'고 주장하는 것은 그릇된 생각입니다. '나가 있다'는 그릇된 생각 때문에 '나의 것'이라는 생각을 하게 되고, 이 생각에 집착을 함으로써 생사生死가 시작되는 것입니다. 반대로 '나가 있다'는 그릇된 생각을 완전히 끊고 없애는 것을 해탈이라고 합니다."

이 법문을 들은 빈바사라왕은 한 가지 의문이 생겨 부처님께 여쭈었습니다.
"부처님이시여, '나'라는 것이 없으면 도대체 누가 과보를 받게 됩니까?"

"대왕이시여, 그대는 지금, '나'라는 것이 없으면 누가 과보를 받을 것인지를 질문하셨습니다. 그 과보는 중생이 받는 것입니다. 무명無明에 싸인 허깨비[幻]가 받는 것입니다.

대왕이시여, 그대는 자신의 행복과 백성의 행복 중 어느 쪽을 먼저 생각합니까? 자신의 불행과 백성의 불행 중 어느 쪽을 먼저 생각합니까? 어느 쪽을 생각하는 것이 임금으로써 합당한 것이겠습니까?

'나라는 생각[我想]'은 어떤 상황에 부딪쳤을 때, 그때그때의 경우에 따라 일어나는 생각인 것입니다. 그것은 마치 돌과 돌이 부딪칠 때 불꽃이 튀는 것과 같은 것입니다. 그 불꽃은 돌의 것입니까? 아니라면 누구의 것입니까?

대왕이시여, 인간이 태어나기 전에 '나라는 생각'이 있습니까? 죽은 다음에 '나라는 생각'이 있습니까? 깊이 잠들었을 때 '나'가 있습니까? 깊은 명상에 잠겨 있을 때 '나'가 있습니까? 몸과 마음에 조그마한 불편도 없고 거리낌이 없는 너그러운 상태가 되었을 때 '나라는 생각'이 있습니까? 마음이 한없이 맑을 때 '나라는 생각'이 있습니까?

'나라는 생각[我想]'이 일어나는 것은 무엇인가에 의해 억눌리고 작아졌을 때입니다. '나라는 생각'은 불꽃같이 일어나는 순간의 생각에 지나지 않으며, 물에 이는 거품과 같은 것입니다. 물은 거품이 아닙니다. 어찌 거품이 물이겠습니까?

대왕이시여, 중생이 '나라는 생각'에 사로잡히는 것은 인因인 마음이 연緣인 대상과 만나 특별한 의식이 생겨났을 때 나타나는 현상입니다. 그리고 그 의식에 집착을 함으로써 온갖 불행과 괴로움이 생기는 것입니다. 늙고 병들고 죽는 것도 이 '나'가 있으므로 생기는 것입니다. 탐욕과 분노와 어리석음도 '나가 있다'고 생각하기 때문에 생기는 것입니다.

대왕이시여, 나는 이 조그마한 것을 알기 위해 6년의 수행을 했습니다.

대부분의 중생들은 '나를 버리는 것은 즐거운 일이 아니다'고 생각합니다. 그러나 그것이 잘못된 생각입니다. 나를 잊고 백성을 생각하고, 나를 잊고 중생을 구제해야 합니다.

그리하여 나도 중생도 잊고 걸림이 없이 되어 마음이 온 법계法界로 확대되었을 때 열반에 듭니다.

대왕이시여, 열반이야말로 본래의 모습입니다. 거

기에는 생사가 없습니다. 태어나기 이전도 없고 죽음 이후도 없습니다. 대왕이시여, 마음이 푸른 하늘처럼 맑아 한 겁의 티끌이나 때가 묻지 않았을 때 '나'라는 생각이 있겠습니까? 거기에 '나'라는 생각은 모습도 비치지 않습니다.

부처님께서는 설법을 마쳤고, 법회에 참석한 모든 사람들은 큰 법열法悅 속에서 정법안正法眼을 얻었습니다. 빈바사라왕 또한 깊은 환희 속에서 감사를 드렸고, 부처님의 은혜를 갚을 방도를 찾다가 죽림정사竹林精舍를 지어 불교교단에 바쳤으며, 이로써 최초의 사찰이 생겨나게 된 것입니다.

※

모든 이들이 크게 감동한 이 법문은 제법무아를 중심에 두고 제행무상과 열반적정을 접목시킨 것입니다.

실로 무상을 극복하고 열반의 경지를 이루기 위해서는 무아를 체득해야 합니다. 부처님의 말씀 그대로, 스스로가 고집하고 있는 '나'가 인연 따라 시시각각으로 모습을 나타내는 허깨비나 물거품이나 돌의 불꽃같은 줄을 알아야 합니다.

나아가, '나'가 무명無明에 싸인 허깨비〔幻〕임을 깨닫고 무아 속에서 자비심을 키워가야 합니다. 그리고 그 자비심이 온 법계와 그냥 그대로 하나가 될 때 무상과 고苦는 자취도 없이 사라지고, 열반적정을 이루게 된다는 것을 부처님께서는 천명하셨습니다.

불자들이여, 꼭 기억하십시오. 무아! 곧 자아를 벗어 던질 때 자비가 끝없이 샘솟고 태양과 같은 지혜가 저절로 나타난다는 것을!

다시금 '나'를 비추어보라

하지만 부처님의 말씀처럼 무아가 되기는 어렵습니다. 스스로가 일으킨 번뇌 속에 얽혀 사는 중생이기에, '나'를 버리는 것이 참으로 힘이 듭니다. 그러나 우리가 지극히 사랑하는 '나'를 다시 한번 관조觀照해 보십시오. 이 '나'는 과연 어떠한 '나'입니까?

이제 몇 가지 이야기를 통하여 우리가 그토록 소중하게 여기는 '나'에 대해 다시 한번 생각해 보도록 합시다.

녹야원에서 최초의 설법을 하신 부처님께서는 갠지스강을 건너 마가다국으로 교화의 발걸음을 옮겼습니다. 도중에 부처님께서는 밀림 속으로 들어가 큰 나무 아래에서 선정에 잠겼는데, 마침 이 고장의 상류층 젊은이 서른 명이 그 숲으로 놀러왔습니다. 저마다 아내를 데리고 왔지만, 결혼을 하지 않은 한 젊은이는 기생을 데려올 수밖에 없었습니다.

그런데 그 기생이 문제를 일으켰습니다. 다들 놀이에 정신이 팔려 있을 때 여러 사람의 옷과 패물들을 훔쳐 달아난 것입니다. 뒤늦게 이 사실을 안 젊은이들은 기생을 찾기 위해 숲을 샅샅이 뒤졌고, 마침내 부처님께서 앉아 계신 곳에 이르렀습니다. 그들은 흥분된 음성으로 부처님께 여쭈었습니다.

"화장을 짙게 하고 옷가지와 패물을 들고 가는 여자를 보지 못했습니까?"

"젊은이들이여, 왜 그 여인을 찾는가?"

젊은이들이 자초지종을 아뢰자, 부처님께서는 그들을 돌아보며 말씀하셨습니다.

"젊은이들이여, 달아난 여인을 찾는 일과 달아난 자기를 찾는 일 중에서 어느 쪽이 더 급한가? 여인을 찾는 일과 자기 자신을 찾는 일 중에서 어느 것이 더 중한가?"

젊은이들에게는 부처님의 한마디 말씀이 그렇게 크게 들릴 수가 없었습니다.

"자기를 찾는 일이 더 급하고, 자기를 찾는 일이 더 중요합니다."

"좋다. 그렇다면 거기들 앉아라."

젊은이들이 예배를 하고 자리에 앉자 부처님께서는 참된 자기를 찾는 법과 진정으로 자기를 사랑하는 방법을 설하셨고, 설법을 들은 30명의 젊은이들은 그 자리에서 모두 출가하여 마침내 아라한이 되었습니다.

§

이 이야기의 교훈처럼, 이 세상 어떤 일보다 '나'를 찾는 것이 더 중요하건만 '나'를 찾지 않습니다. '나'를 찾는 것이 가장 급한 일이건만 다른 일을 핑계삼아 '나'를 돌아보려 하지 않습니다.

그 뿐입니까? '나'를 언제나 강조하지만, '나'의 진면목이 무엇인지를 모릅니다. 그냥 거짓 '나', 방황하는 '나', 밖으로 뿔뿔이 흩어지는 '나', 감각적인 '나'를 '나'로 삼고 살아갑니다.

'내 마음이야' 하지만, 그 마음이 무엇인지를 모릅니다. 그 마음의 모습이 어떠한지? 그 마음의 흐름이 어떻게 전개되는지? 내 마음이라 하면서도 내 마음을 내 마음대로 하지 못하는 그 마음으로 살고 있습니다.

나! 참된 나를 찾으려면, 진짜 내 마음을 회복해 가지려면 이러한 착각에서 벗어나야 합니다.

어떻게 하면 벗어날 수 있는가? 먼저 참된 '나'를 찾고자 하는 마음을 발하여야 합니다. 그리하여, 밖으로 향하는 마음을 안으로 거두어들이면서, 습관이 되어버린 삼독三毒의 번뇌 일으키기를 서서히 잠재워야 합니다.

당나라의 설봉의존(雪峰義存, 821~905)선사는 어느 날 제자들에게 말씀하셨습니다.

"남산에 굉장한 독사 한 마리가 출현하였는데, 너희들도 가서 잘 봐 두어라."

이에 제자 장경長慶스님이 맞장구를 쳤습니다.

"그렇지 않아도 그 굉장한 독사 이야기로 절 안의 대중들이 겁에 질려 벌벌 떨고 있습니다."

한 동자승이 같은 절에 있는 현사玄沙스님을 찾아가 손짓 발짓을 해가며 독사 이야기를 하고, 설봉선사와 장경스님의 말도 전하였습니다. 그러자 현사스님이 담담하게 말했습니다.

"장경스님처럼 담대한 사람이라면 마땅히 가보겠지. 하지만 그가 간다고 나까지 갈 필요는 없네."

"스님께서는 왜 독사를 보러 가지 않으려 하십니까?"

"굳이 남산까지 갈 필요가 있을까?"

§

실로 많은 사람들을 벌벌 떨게 하는 독사를 보기 위해 남산까지 갈 필요가 있습니까? 탐貪·진瞋·치癡 삼독의 독사가 '나' 속에서 수시로 모습을 들어내거늘, 특별한 구경거리를 쫓아다닐 필요가 있습니까?

구경거리를 쫓아다닐 것이 아니라, 먼저 '나'의 현재 모습을 돌아보는 것이 중요합니다. 스스로를 돌아보면서, 번뇌망상 속의 '나'가 참 '나'가 아니라는 것을 자각해야 하고, 그 삼독의 마음이 실체가 없다는 것을 깨달아 더 이상 삼독심에 끌려 다니지 않아야 합니다.

우리를 망치는 삼독심三毒心, 우리를 힘들게 하는 각종 번뇌망상이 잠잠해지면 저절로 참마음으로 있게 되고, 참마음으로 있으면 '나' 또한 저절로 참된 '나'로서 있게 되는 것입니다.

그러나 삼독심이나 번뇌망상을 잠재우기가 말처럼 쉬운 것은 아닙니다. 우리의 마음이 이미 습관화되어 끝없이 동요하기 때문입니다. 이와 관련하여 중국 선종의 제6조이신 혜능慧能대사의 이야기 한 편을 소개하겠습니다.

❀

오조 홍인弘忍대사로부터 의발衣鉢을 전수 받은 혜능대사는 15년 동안 사냥꾼의 무리 속에 숨어살다가, 법을 펼 때가 되었음을 느끼고 산에서 나와 광주 법성사法性寺로 갔습니다. 마침 인종印宗법사가 열반경을 강의하고 있었으므로 법성사에는 대중들이 많이 모여있었습니다. 그때 세찬 바람이 불어 깃발이 강하게 펄럭였고, 그 모습을 본 두명의 승려 사이에 조그만 시비가 벌어졌습니다.

"저건 바람이 움직이는 것이오."

"아니요, 저건 깃발이 움직이는 것이오."

"바람이오!"

"깃발이오!"

그때 혜능대사께서 빙그레 웃으며 말했습니다.

"바람이 움직이는 것도 아니요 깃발이 움직이는 것도 아닙니다."

"그럼 무엇이 움직인다는 말씀이오?"

"움직이는 것은 그대들의 마음입니다."

※

움직이는 것은 '나'의 마음!

그렇습니다. 우리의 마음은 시시비비 따라 움직이고 있습니다. 일심一心의 원천으로 돌아가는 삶이 아니라, 눈·귀·코·혀·몸·뜻의 육근六根이 색깔·소리·냄새·맛·감촉·법의 육경六境을 좇아 갖가지 동요를 일으키고 부산히 먼지를 일으키며 살아가는 것입니다.

이제 바깥 경계를 향하여 뿔뿔이 흩어지는 마음을 하나로 모아야 합니다. 하나로 모아야 일심이 되고, 일심이 되어야 무아를 체득하여 열반의 경지를 이룰 수 있기 때문입니다.

그럼 어떻게 하여야 일심으로 돌아가 무아를 이룰

수 있는 것인가? 우리 불자들이 수행방편으로 삼고 있는 참회기도 · 염불 · 참선 · 경전공부 등을 삶의 구심점으로 삼아 꾸준히 하면 됩니다. 욕망 달성을 위한 복덕 쌓기에서 한 단계 더 뛰어 올라 수행으로 하면 됩니다.

불교의 수행방편만이 아닙니다. 음악 · 미술 · 복지사업 · 자식 기르기 · 맡은 바 일 등도 스스로를 점검하고 돌아보며 꾸준히만 하여 무아의 삼매를 이루게 되면 도가 저절로 무르익습니다.

❀

일본 경도京都의 황벽사黃壁寺 산문에는 한문으로 '제일의 第一義'라고 쓴 큰 편액이 걸려 있습니다. 서예가들이 걸작품이라고 찬사를 아끼지 않는 이 글씨는 3백여 년 전에 고천高泉스님이 쓴 것입니다.

당시 붓글씨를 쓰는 고천스님 옆에는 먹을 갈아주는 시자승侍者僧이 언제나 함께 했습니다. 워낙 큰 글씨를 써야 했기 때문에 한번 쓰는데도 많은 양의 먹을 필요로 하였지만, 시자는 조금도 싫어하지 않고 부지런히 먹을 갈았습니다. 뿐만 아니라 고천스님의 글씨에 대해 주저 없이 평을 하였습니다.

"스님, 좋지 않습니다. 다시 쓰십시오."

"이번 글씨는 어떤가?"

"지난번에 쓰신 것보다 더 엉망입니다."

고천스님은 참을성 있게 84번이나 '第一義'를 썼지만, 시자는 여전히 고개를 가로 저었습니다. 그러던 어느 날, 시자가 잠시 자리를 비웠습니다.

'지금이야말로 저놈의 눈에서 벗어날 수 있는 절호의 기회다.'

스님은 서둘러 글씨를 썼고, 돌아와서 그것을 본 시자는 소리쳤습니다.

"아! 참으로 걸작입니다."

⚜

이렇듯 성심성의를 다해 꾸준히 행하다보면 어느 순간에 무아삼매의 경지에 들어가게 되며, 무아삼매의 경지에 들어가게 되면 큰 성취를 볼 수 있게 됩니다.

부디 내면으로 향하는 공부를 꾸준히만 하십시오. 중심을 잡고 흔들림 없이 꾸준히만 하면 누구나 무아의 경지에 이르러 참 '나'를 회복할 수 있게 됩니다. 하지만 급하게 서둘러서는 절대로 안 됩니다. 무아의 공부에는 반드시 넉넉한 시간과 널찍한 공간을 투자해야 하기 때문입니다.

❀

옛날, 수지守芝선사는 먼 길을 걸어 찾아온 문열文悅스님에게 퉁명스럽게 물었습니다.
"그대는 무엇을 구하려고 예까지 왔는가?"
"진아眞我를 찾고자 왔습니다."
"진아를 찾는 것이 그리 어렵겠느냐? 기운 좋을 때 대중을 위해 한 철 탁발을 한 다음 배워도 늦지 않느니라."
천성이 순박한 문열스님은 곧바로 탁발을 시작했습니다. 그리고 몇 달 뒤에 돌아와보니 수지선사는 이미 다른 곳으로 거처를 옮긴 뒤였습니다. 다시 그곳으로 찾아간 문열스님에게 선사는 말했습니다.
"이제 겨울이 시작되었구나, 숯을 만들어 대중들이 겨울을 잘 날 수 있게 한 뒤에 진아를 찾아도 늦지 않을 것이니라."

문열스님은 겨울 내내 나무를 하고 숯을 구워 대중들이 따뜻한 한 철을 보낼 수 있게 하였습니다. 마침내 매화가 꽃을 피우는 봄이 되자 문열스님은 다시 선사에게 법을 구하였습니다.

"진아가 썩어 없어질까 걱정이냐? 마침 부엌일을 할 사람이 없으니 그 일을 맡아라."

그때부터 문열스님은 부엌일을 맡았고, 세월은 흐르고 또 흘렀습니다. 그러던 어느 날, 부엌에서 터진 나무 물통을 묶으려고 대껍질을 잡아당기다가 곁에 있던 물통을 떨어뜨리고 말았습니다.

'탕!'

물통이 땅에 부딪치며 큰 소리를 내는 순간, 문열스님은 도를 깨쳤습니다. 그리고 그 길로 수지선사에게 달려가자 선사는 크게 웃으며 말했습니다.

"진아를 찾던 이 부엌데기야, 네가 드디어 큰일〔一大事〕을 마쳤구나!"

⁂

수지선사는 '진아가 썩어 없어질까 걱정이냐?'며 문열스님에게 일만 시킬 뿐 한마디의 법문도 일러

주지 않았습니다. 그러나 수지선사는 스승을 믿고 조급해하지 않았습니다. 스승께서 시키는 일을 성실히 행하면서, 언제나 '진짜 나가 무엇인가' 하는 질문을 스스로에게 되물었고, 그 결과 깨달음을 이룬 것입니다.

많은 이들이 처음에는 급한 마음으로 도를 닦다가, 얼마 지나지 않아 '잘되지 않는다'며 시들해져 버립니다. 왜 잘되지 않습니까? 평소 때 익혀왔던 것과 전혀 다른 것을 하기 때문입니다. 나에 대한 어리석음〔我癡〕, 내가 있다는 고집〔我見〕, 나에 대한 사랑〔我愛〕, 내가 잘났다는 교만〔我慢〕에 빠져 살다가 무아無我의 도를 닦자니 어찌 쉽겠습니까?

그러나 도중하차를 하여서는 안 됩니다. 포기를 하여서는 안 됩니다. 안 되더라도 자꾸 익혀 가는 것이 마음공부요, 자꾸자꾸 비워 가는 것이 불교공부이기 때문입니다.

백여 년 전, 저명한 학자 한 분이 남은南隱스님을 찾아가서 여쭈었습니다.

"스님, 불법佛法이 무엇입니까?"

스님은 답을 하지 않고 묵묵히 차를 다려 학자의 잔에 따르기 시작했습니다. 그런데 스님은 잔에 차가 가득찬 다음에도 계속 부었습니다.

'왜 스님께서 차를 자꾸만 부을까? 언제 그만 부을까? 늙어서 정신이 없는 걸까?'

철철 넘치는 차를 바라보며 혼자 생각하다가, 더 이상 참을 수 없게 된 학자는 소리쳤습니다.

"스님! 차가 넘치고 있습니다. 그만 따르시지요."

남은스님은 그때서야 말문을 열었습니다.

"이 찻잔과 같이, 그대의 마음이 나름대로의 생각과 고집으로 가득 채워져 있거늘 어떻게 불법이 무엇인지를 일러줄 수 있겠소? 먼저 '나'의 잔을 비워야 할 것이오."

※

정녕 제법무아의 진리를 깨닫고 불법을 깨닫고자 한다면, 무엇보다 먼저 자아自我를 비워야 합니다. 나름대로의 생각과 고집으로 가득한 자아를 비워, 한결같고 올바르고 풍요롭고 널찍한 마음의 공간을 만들어야 합니다. 자아가 치솟고 번뇌가 일어날 때마다, '본래 자아가 없는 무아'임을 되새기며 넓디넓은 마음의 공간을 만들어야 합니다.

그리고 '나'의 문제를 해결하기 위해 너무 서둘지 말고, '천천히 서두르도록' 하십시오. 불교공부는 서둔다고 되는 것이 아닙니다. 서둘면 오히려 삿된 길로 빠져듭니다. 무아의 깨달음이 어찌 하루아침에 이루어지겠습니까? 오래오래 시간을 들여 '제행무상 제법무아 열반적정'을 되새기며 헛된 자아와 삼독심을 비워 가면, 마침내 제법무아를 체득하여 정말 걸림 없이 행복하게 살 수 있게 됩니다.

이제 제법무아를 끝맺음하면서 한 가지 사실을 상기시켜 드리고자 합니다.

왜 진아를 찾고자 했던 부처님께서 진아를 찾은 다음 제법무아의 법문을 설하셨을까?

부디 잘 유념하시어 열반적정의 길로 성실히 나아가시기 바랍니다.

열반적정涅槃寂靜

범어 : **샨탐 니르바남**
　　　(santam nirvaṇam)

⊙ 샨탐은 '고요하고 평화롭다'는 뜻

⊙ 니르바나 = 니르 + 바나
・니르는 '꺼진 상태'
・바나는 '불〔火〕'
따라서 니르바나는 '불이 꺼진 상태'를 뜻하며, 음역(音譯)하여 열반, 의역(意譯)하여 적멸(寂滅)이라고 함

삼독의 불이 꺼지면 열반

열반적정의 범어인 '샨탐 니르바남'은 불이 완전히 꺼져 고요하고 평화로운 상태가 되었음을 나타내고 있습니다.

열반涅槃! 불교의 목표는 열반입니다. 흔히들 부처님의 죽음을 열반이라 하고 있으므로, '열반'이라 하면 죽음을 연상하는 이들이 많습니다. 그러나 열반은 죽음을 뜻하는 용어가 아닙니다. 성스러운 불교수행의 종착점이요 궁극의 목표가 열반인 것입니다.

'열반'이라는 용어는 부처님께서 처음으로 쓰신 것으로, 당시의 인도인에게는 다소 생소하게 들렸습니다. 이러한 용어의 생소함 때문에 외도인 염부차閻浮車가 친구인 사리불존자에게 질문했습니다.

"벗이여, 흔히들 '열반, 열반'이라고 하는데, 대체 어떤 것을 말함인가?"

"벗이여, 무릇 탐욕의 소멸, 노여움의 소멸, 어리석음의 소멸을 일컬어 열반이라 하노라."

사리불 존자의 정의처럼 탐貪·진瞋·치癡 삼독三毒이 완전히 소멸된 상태가 열반인 것입니다. 불의 소멸! 삼독의 불, 번뇌의 불이 완전히 소멸되면 열반적정을 이룬다는 것입니다.

그럼 왜 불교의 궁극 목표를 '불이 꺼진 상태'를 뜻하는 '열반'이라는 용어로 표현한 것인가?

이는 불교교단 성립의 초기에 부처님께서 불을 신봉하던 가섭 삼형제를 교화하여 1천명의 귀의를 받은 후, 가야산에서 설하신 '불의 소멸〔燃燒〕'이라는 법문과 관련이 있는 것으로 학계에서는 파악하고 있습니다.

학자들이 예수의 「산상수훈」에 견주어 「산상설법山上說法」이라고 칭하는 이 법문은 '불의 소멸'을 뜻하는 열반의 의미를 잘 알 수 있게 하는 내용이기에, 다소 길지만 인용을 하고자 합니다.

비구들이여, 모든 것이 불타고 있다. 눈이 불타고 있다. 눈에 비치는 형상이 불타고 있다. 형상을 받아들이는 마음도 불타고 있다. 어떠한 불에 의해 타고 있는가? 탐욕[貪]의 불, 분노[瞋]의 불, 어리석음[癡]의 불에 의해 타고 있다. 늙음과 죽음[老死]의 불에 의해 타고, 근심과 슬픔과 고통과 번민[憂悲苦惱]의 불에 의해 타고 있다.

　비구들이여, 귀가 불타고 있다. 귀에 들리는 소리가 불타고 있다. 소리를 받아들이는 마음도 불타고 있다. 어떠한 불에 의해 타고 있는가? 탐욕의 불, 분노의 불, 어리석음의 불에 의해 타고 있다. 늙음과 죽음의 불에 의해 타고 있고, 근심과 슬픔과 고통과 번민의 불에 의해 타고 있다.

이어 부처님께서는 코에 대하여, 혀에 대하여, 몸에 대하여 뜻에 대하여 같은 말씀을 하신 다음, 불의 원인과 불을 끌 것을 설하십니다.

　비구들이여, 이와 같은 불길들은 왜 일어나는가? '나' 스스로가 일으킨 망상이 부싯돌이 되고 불씨가 되어, 어리석음의 검은 연기를 피워 올리고 탐욕과 분노의 불길을 일으키기 때문이다. 이 불길은 점점 세차게 타올라 '나'와 중생을 집어삼키고 '나'와 중생을 태우게 되느니라. 중생들은 모두 탐욕과 분노와 어리석음이라는 세 가지 독[三毒]의 거센 불길로 인해 나고 늙고 병들어 죽는 세계를 윤회하게 되고, 근심과 슬픔과 고통과 번민 속에서 헤어나지 못하게 되느니라.

비구들이여, 탐욕과 분노와 어리석음의 세 가지 불길이 거세게 타오르는 것은 오직 '나'에 대한 애착 때문이니, 세 가지 불을 멸滅하고자 한다면 무엇보다 먼저 '나'에 대한 애착을 끊어버려야 한다. 나에 대한 애착을 끊을 수 있게 되면 세 가지 불길은 스스로 꺼지고, 윤회의 수레바퀴는 저절로 멈추며, 모든 괴로움은 자취 없이 사라지게 되느니라.

삼독의 불길은 너희들 안에서 타고 있다. 이것을 빨리 멸하지 않으면 안 된다. 주의 깊게 닦아라. 주의 깊게 닦아 하루 빨리 삼독의 불길을 멸하여야 하느니라.

이 법문에서 부처님께서는, 탐진치 삼독의 불로 스스로를 태우는 중생은 나고 늙고 병들어 죽는 세계를 윤회하게 되고, 근심과 슬픔과 고통과 번민 속에서 벗어나지 못한다고 하셨습니다. 그리고 거세게 타오르는 불을 끄고자 하면 무엇보다도 '나'에 대한 애착을 끊어야 한다고 하셨습니다.
　이는 곧 무아를 이루라는 가르침입니다.

열반의 4덕

무아를 이루면 삼독의 불이 꺼지고 윤회의 수레바퀴가 멈추어, 지금 이 자리에서 열반적정을 이룰 수 있다고 하신 것입니다.

그럼 삼독의 불이 꺼져 열반적정에 이르면 어떻게 되는가? 『열반경』에서는 열반의 사덕四德과 팔미八味로 이를 설명하고 있으며, 이 둘을 연결시키면 【표】와 같습니다.

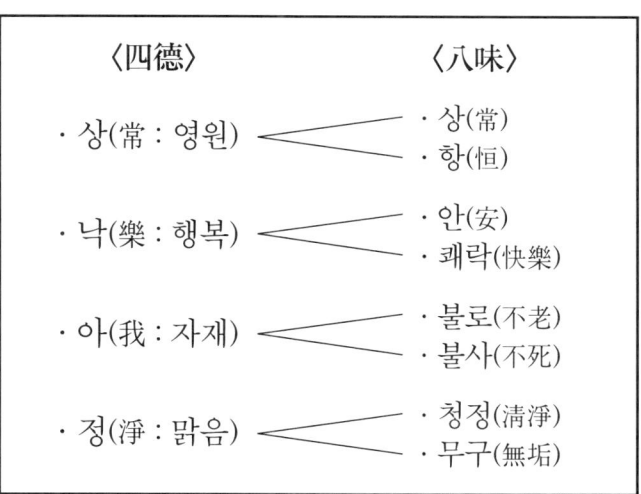

삼독번뇌의 불이 꺼져 한결같고 변함이 없으니 영

원〔常〕이요, 편안하고 즐거우니 행복〔樂〕하며, 늙지 않고 죽지 않으니 자재〔我〕하며, 청정하고 때 묻음이 없으니 어찌 맑지〔淨〕 않겠습니까? 이 상·낙·아·정의 네 가지 덕은 무상하고 괴롭고 부자유롭고 추한 〔無常·苦·無我·不淨〕 중생의 삶에 대응되는 것입니다.

 무아를 체득하며 삼독의 불을 끄나가면, 불을 끄는 만큼 영원과 행복과 자유자재와 맑은 삶을 살 수 있게 됩니다. 불을 완전히 끄면, 부처님처럼 상락아정의 삶을 언제나 누릴 수 있습니다. 이 얼마나 바람직한 삶입니까?

 이러한 삶을 살도록 하는 것이 '열반적정'이라는 글자 속에 담겨 있는 참의미라는 것을 기억하면서, 우리 모두 '나'를 비우는 수행을 부지런히 닦아가야 할 것입니다.

❦

 이제 한편의 이야기로 '제행무상·제법무아·열반적정'을 마무리 짓고자 합니다.

당나라 때 마조馬祖선사의 법을 이은 귀종지상歸宗智常스님께 한 승려가 찾아와 여쭈었습니다.

"어떤 것이 부처입니까?"

"내가 지금 그대에게 일러주려 하나, 그대가 믿지 않을까 걱정이로다."

"스님의 성실한 말씀을 어찌 감히 믿지 않겠습니까?"

"그대가 곧 부처이니라."

"그 말씀을 어떻게 간직하여야 저의 것으로 만들 수 있습니까?"

"하나의 가리움이 눈앞에 있으면 허공의 꽃이 어지러이 떨어지느니라."

이 말씀 끝에 그 승려는 오도悟道하였습니다.

눈앞을 가리는 그 하나가 무엇입니까? 바로 '나' 입니다. 그 '나'가 수많은 허공의 꽃을 만듭니다. 허공의 꽃[空花]도 허깨비나 물거품처럼 실체가 없습니다. 왜 허공의 꽃을 애써 잡아 험난한 무상의 길을 애써 걸어가려 하십니까?

　이제 삼법인의 진리를 생각하면서, 스스로가 만든 '나'를 조금씩 내려놓으십시오. '나'를 내려놓는 만큼 '나'는 자유로워지고 열반적정의 경지에 가까워져서, 열반의 사덕인 상·락·아·정을 차츰 누릴 수 있게 됩니다.

　정녕 '나'를 놓든 '나'를 쥐고 살든, 괴롭든 행복하든 모두가 '나'의 일이요 '나'의 삶입니다. 하지만 '나'를 진정으로 사랑한다면, '나'와 '내 것'에 대해 과연 어떻게 생각하며 살아야 하겠습니까?

　꼭 기억하십시오.

"제행무상임을 알고 제법무아임을 체득하면 곧 열반적정이니라."

중 도
中道

부처님의 정각(正覺)과 중도

중도 속의 수행과 삶

팔부중도와 삼제(三諦)

부처님의 정각正覺과 중도

중도中道는 한문의 풀이처럼 '가운데 길'이 아닙니다. 적당한 길이 아닙니다. 그렇다면 중도는 무엇인가? 중도는 부처를 이루는 성불成佛의 길입니다. 이 길로 나아가면 어떠한 중생이든 부처가 되는 것이 보장되어 있는 만큼, 이 중도에는 참으로 심오한 뜻을 간직하고 있습니다.

이제 중도를 이룰 때까지 부처님께서 닦고 깨닫고 체득했던 내용과 중도를 첫 설법으로 택한 초전법륜 속으로 함께 들어가 중도의 가르침을 차근차근 새겨 보도록 합시다.

쾌락의 궁중생활

❀

어린 시절, 태자의 신분으로 부족함이 없이 살았던 석가모니께서 도道에 대해 처음으로 사색하게 된 것은 12세 되던 해의 이른 봄이었습니다.

그때 태자는 아버지인 정반왕을 따라 농경제農耕祭에 참석하였습니다. 그런데 궁중에서 호화롭게만 살아왔던 태자에게는 백성들의 밭가는 모습이 말할 수 없는 충격으로 다가왔습니다.

파리한 농부들은 쟁기를 멘 소를 몰며 비지땀을 흘렸고, 소는 채찍질을 당하며 밭을 갈아 엎었습니다. 그때마다 땅 속의 벌레들이 쟁기 날에 찢기고 끊어진 채 땅 위로 노출되었으며, 이 벌레들을 까마귀·까치 등의 각종 새들이 재빨리 날아들어 쪼아 먹는 것이었습니다. 크게 놀란 태자는 나무 밑으로 자리를 옮겨 앉아 깊은 사색에 잠겼습니다.

'모든 생명들은 살기 위해 이 세상에 난 것이다. 그런데 어찌 국왕은 백성을 부려먹고 농사 짓는 백성은 소를 부려먹는 것인가? 또 약한 벌레들은 밭가는 쟁기 날에 찢기고 힘센 날짐승에 쪼아 먹히고 있으니…. 이것은 있을 수 없는 일이다. 차마 볼 수 없는 현상이다.'

축제를 열고 있는 인간의 눈에 아무것도 아닌 것처럼 펼쳐지고 있는 미물의 고통과 죽음! 그러나 태자에게는 그 벌레의 공포와 고통까지도 남의 일 같지가 않았습니다. 비로소 태자는 중생의 고통스러운 삶과 죽음에 대해 깊히 생각하게 되었습니다.

卍

그날 이후, 태자는 '고통과 죽음이 없는 삶'에 대해 명상에 잠기는 일이 많아졌고, 이에 불안해진 정반왕은 '태자가 출가해버리지나 않을까' 우려하여 세 개의 궁전을 지었습니다. 여름철에 머무를 시원한 궁전, 겨울철에 머무를 따뜻한 궁전, 봄과 가을에 거처할 춥지도 덥지도 않은 궁전 등 삼시전三時殿을 지은 것입니다.

그리고 각 궁전마다 화려한 동산을 만들어 기이한

돌과 아름다운 꽃, 보석 등으로 찬란하게 꾸몄습니다. 또한 태자가 목욕을 할 때는 향탕香湯에서 몸을 씻겨 주도록 하였으며, 수많은 미희들을 뽑아 노래와 춤과 음악으로 태자의 마음을 사로잡도록 하였습니다.

그야말로 태자는 쾌락의 성에서 살았습니다. 하지만 태자는 쾌락에 젖어들지 못했습니다. 오히려 인위적인 쾌락에 대해 혐오심을 갖게 되었습니다. 이에 정반왕은 태자비의 간택을 서둘렀고, 19세의 젊은 싯달타 태자는 이웃 선각왕의 딸인 야수다라耶輸陀羅를 아내로 맞이하였습니다.

야수다라는 개성이 강하고 정열적인 여인이었습니다. 태자는 비로소 진심을 나눌 수 있는 여인을 만났고, 참다운 사랑으로 기대어 오는 젊고 아름다운 아내와 함께 하며 결혼 전에 잃어버렸던 미소를 다시 떠올리기 시작했습니다.

卍

그렇게 1년 또 1년, 10년 가까운 세월이 흘렀습니다. 그리고 세월 따라 태자는 무엇인가를 잃은 듯한 굳은 표정을 짓는 때가 많아졌습니다.

'언제까지나 영원히 살 수 있고 한결같이 행복할 수 있다면, 그리고 모든 생명들이 평화롭게 살 수 있다면 나 또한 이렇게 살 것이다. 그러나….'

젊고 아름다운 아내를 보는 태자의 뇌리에는 오히려 누를 길 없는 번민이 가득 채워졌습니다.

'스스로를 속임으로써 번민을 잠재우려 해서는 안 된다. 결코 스스로를 속일 수는 없는 일이다. 밤낮 없이 나의 뜻과 다르게 살고 있는 이 생활 속에서 무엇을 찾으려 하는가? 더 이상은 의미가 없다. 해탈의 도를 찾아 출가를 하는 것만이 유일한 길이다.'

여러 날을 태자는 출가를 생각하며 괴로워했습니다. 그러다가 29세 때의 어느 날, 태자는 '사문유관四門遊觀'을 통하여 늙음과 병듦과 죽음에 대한 체험을 하고, 출가사문出家沙門을 만나 대화를 나눈 다음 결심을 굳혔습니다.

'이 길이야말로 내가 찾던 길이다. 더 이상 망설일 것이 없다. 이제 출가를 하리라.'

마침내 태자는 정반왕을 찾아갔습니다.

"부왕이시여, 부디 소자의 뜻을 살피시와 집을 떠나 도를 닦는 길을 허락하여 주소서."

"태자야, 어떠한 소원이라도 다 들어 줄테니, 제발 이 궁전에 머물러만 있어다오."

이어 태자는 결정적인 청을 합니다.

"부왕이시여, 그러하오면 저의 네 가지 소원을 이루어 주십시오. 첫째는 늙지 않는 것이요, 둘째는 병들지 않는 것이며, 셋째는 죽지 않는 것입니다. 그리고 네 번째는 서로 이별하지 않는 것입니다. 부왕이시여, 이 네 가지 소원을 이루어 주신다면 저는 출가하지 않겠나이다."

"그런 무리한 소원이 어디에 있느냐? 나를 더 이상 괴롭히지 말아다오."

정반왕은 눈물을 지으며 밖으로 뛰쳐 나갔고, 이와 같은 모습을 본 태자 또한 차마 부왕을 버리고 출가를 할 수가 없었습니다. 그날 이후, 정반왕은 비상 경비병을 동원하여 더욱 철저히 궁성의 안팎을 지키게 하고 성문을 단속하였습니다. 그리고 태자가 환락 속에 묻혀 살도록 끊임없이 잔치를 열었습니다.

그러나 세속적인 쾌락은 이미 태자의 관심 밖이었습니다. 오직 한시 바삐 '불타는 집〔火宅〕에서 벗어나야 한다'는 일념 뿐이었습니다. 그리고 이어 결정적인 일이 일어났습니다.

卍

태자가 29세 되던 해 2월 8일, 아내 야수다라가 아들을 낳았다는 소식을 들은 것입니다. 마땅히 크게 기뻐해야 할 일이었으나, 태자는 그 소식을 듣고 깊이 탄식하며 소리쳤습니다.

"라후라羅侯羅!"

그리하여 아들의 이름은 '라후라(Rāhula)'가 되고 말았습니다. 라후라! 범어 라후라는 '장애障碍'라는 뜻입니다. 왜 태자는 하나뿐인 소중한 아들의 이름을 라후라라고 지어 주었을까요? 왜 축복보다는 슬픔이 깃든 이름을 지어 주었을까요?

그만큼 출가가 절실하였기 때문입니다. 은애恩愛

의 큰 굴레가 생겨 출가의 결심을 늦추게 될 수 있다고 보았기 때문입니다. 마침내 태자는 그날 밤을 출가의 시점으로 잡았습니다.

한편, 정반왕은 라후라의 출생을 기뻐하며 큰 잔치를 베풀었습니다. 아울러 출가에 대한 태자의 마음이 바꾸어지기를 기대했습니다. 태자는 부왕의 뜻을 헤아리기라도 한 듯, 잔치에 참여하여 궁녀들의 노래와 춤을 한껏 즐기며 구경하였고, 사람들은 태자의 밝은 모습을 보며 기뻐했습니다.

그리고 모든 사람들이 잠에 빠진 한밤중, 조용히 자리에서 일어난 태자는 새근새근 잠들어 있는 아들 라후라와 아내 야수다라를 한참동안 바라보다가 방을 나섰습니다. 방과 연결된 연회장에는 저녁 늦게까지 노래를 부르고 요염하게 춤을 추던 궁녀들이 가득 쓰러져 자고 있었습니다.

피로에 지쳐 깊은 잠에 빠진 모습은 그녀들이 깨어 있을 때와는 판이하게 달랐습니다. 이를 갈면서 자는 여인, 남의 배위에 발을 걸치고 자는 여인, 드르렁 코를 골고 침을 흘리며 자는 여인, 다리와 팔을 벌려 큰 대大자 모양을 하고 자는 여인….

태자는 쾌락의 비천함이 엄습함을 느낌과 동시에 그들에 대한 동정심을 가눌 수 없었습니다. 이러한 인간의 적나라한 모습, 숨김없고 가식없는 모습을 보면서 싯달타 태자가 누렸던 궁중생활은 끝을 맺습니다.

쾌락의 끝! 태자는 바로 그 순간 쾌락의 끝을 본 것입니다.

6년 고행

❂

　마침내 싯달타 태자는 모든 것을 여의고 출가를 했습니다. 사랑도 쾌락도 권력도 명예도 모두 놓아 버리고 한밤중에 왕궁을 뛰어넘어 출가를 했습니다. 하지만 이것으로 모든 것이 끝난 것은 아니었습니다. 오히려 출가는 새로운 시작이었습니다.

　출가한 싯달타는 생로병사의 고통을 없애는 해탈법을 얻고자 당대의 유명한 스승들을 찾아갔습니다. 그 첫 번째 스승은 아누야 숲에서 고행苦行을 가르치는 바가바 선인이었습니다. 선인과 제자들은 누구도 따라하기 어려운 고행을 하고 있었습니다.

　어떤 사람은 가시 위에 누워 있었습니다. 몸무게가 내리누르는대로 가시가 살 속으로 파고들자 온몸에서 피가 흘렀고, 흐른 피는 검게 굳어 딱지로 변하고 있었습니다. 하지만 그들은 참고 누워 있었습니다.

　또 어떤 고행자는 더러움과 악취에 무관심한 듯 쓰레기 더미 속에 누워 있었습니다. 또는 타오르는 불가에 서서 몸을 빨갛게 달구고 있는 사람, 며칠동안 한쪽 발을 들고 서 있는 사람, 물 속에 몸을 담그고 지내는 사람도 있었습니다.

한결같이 풀잎이나 나무 껍질로 옷을 해 입은 그들 가운데에는 하루에 한 끼만 먹는 이도 있고, 이틀에 한 끼, 사흘에 한 끼를 먹는 이도 있었습니다. 싯달타는 **바가바 선인**에게 물었습니다.

"무엇을 위하여 이 같은 고행을 하고 있습니까?"

"고행으로 장차 천상天上에 태어나고자 하노라."

"천상에 태어나기 위해 고행한다지만, 하늘의 낙樂이 다하면 다시 생사윤회의 고苦를 받아야 합니다. 이러한 고행은 고와 낙을 영원히 되풀이하게 하는 수행일 뿐입니다."

싯달타는 다시 당대 최고의 성인으로 추앙 받고 있었던 119세의 **아라다 카라마 선인**을 찾아갔습니다.

"저를 위하여 생사生死를 끊는 법을 말씀해 주십시오. 간절히 그 법을 듣고자 하옵니다."

"나고 죽음〔生死〕의 근본을 끊고자 하면 모름지기 출가하여 계행을 잘 지켜야 합니다. 계행을 잘 지키면 마음에 걸림이 없어지기 때문입니다. 그리고 인욕하면서 고요하고 한적한 곳에서 선정禪定을 닦아야 합니다."

아라다 선인은 선정의 수행법으로 초선初禪 · 제2선 · 제3선 · 제4선의 경지로 차례차례 올라가는 4선법四禪法을 일러주었고, 싯달타는 이 가르침에 따라 열심히 도를 닦았습니다. 그리고 마침내는 스승과 같은 경지에 올랐습니다.

하지만 아직 '나〔我〕'는 생생하게 살아 있었습니다. '나'가 있는 이상에는 언제 다시 애욕과 번뇌의 길로 빠져들지 모르는 일이었습니다. 그래서 아라다 선인에게 '나'를 완전히 넘어설 수 있는 수행법을 물었습니다. 하지만 아라다 선인의 솔직한 대답은 '모른다'는 것이었습니다.

싯달타는 다시 **우드라카 존자**를 찾아갔지만, 여전히 얻고자 하는 바를 얻을 수 없었습니다. 마침내 인도 그 어느 곳에도 그를 가르칠만한 스승이 없음을 느낀 싯달타는 **'혼자의 힘으로 깨달음을 얻을 수밖에 없다'**는 결론에 도달했습니다.

卍

 그 길로 마갈타국의 가야伽耶라는 곳에서 멀지 않은 우루빌라촌의 숲속으로 들어간 싯달타는 자리를 잡고 앉아 깊은 명상에 잠겼습니다. 여러 스승들의 가르침을 바탕으로 삼아 앞으로의 수행방법을 택하고자 한 것입니다.

 '아무리 고행을 닦은들 그 고행이 욕망을 성취하기 위한 것이라면 결코 도를 이룰 수 없다. 또 번뇌에 끌려 다니면서 아무리 고행을 해본들, 젖은 나무를 물 속에서 서로 비벼 불을 구하는 것과 같다.
 참으로 해탈의 도를 이루려면 몸과 마음을 잘 단속하여 탐욕과 번뇌를 잠재우지 않으면 안 된다. 실로 욕망과 번뇌를 떠난 고요한 마음으로 고행을 닦는다면 틀림없이 세간을 뛰어넘는 큰 지혜를 얻을 것이다. 마치 마른 나무를 마른 땅에 두고 서로 비비면 마침내 불을 얻는 것처럼….'

이때부터 싯달타는 이욕離欲과 적정寂靜을 이루기

위한 고행을 시작했습니다. **스스로가 선택한 고행**을 시작한 것입니다.

　그 고행은 숲 속에 고요히 앉아 선정을 닦되, 하루 쌀 한 순가락과 참깨 한 움큼을 먹으며, 또는 쌀 한 낱과 깨 한 알만을 입에 넣고 동요됨이 없는 마음으로 일어나는 욕망과 번뇌를 살피며 앉아 있는 것이었습니다.

　베옷 한 벌로 몸을 겨우 가리고 몸을 씻거나 머리를 깍지도 않았습니다. 바람이 불거나 비가 오거나, 겨울이나 여름이나 한 모양으로 자리를 뜨지 않았습니다.

　이렇게 한 해 두 해를 지나다 보니 살갗 속의 살과 피는 다 말라 버려, 종잇장 같은 살갗으로 뼈를 싸놓은 인형처럼 되어버렸습니다. 손으로 몸에 쌓인 먼지를 털려고 하면 말라버린 몸의 털이 떨어졌고, 손으로 배를 만지면 등뼈가 만져졌습니다.

　마른 나무토막이 되어 앉아 있노라면, 나무하러 온 아이들이 쑥대로 콧구멍을 찔러보고, 입과 귀도 찔러보고, 흙과 먼지를 끼얹기도 하였습니다. 그러나 싯달타는 죽은 듯이 조금도 움직이지 않았습니다. 심지어는 까치가 머리 위에 둥지를 틀어 알을 까기도 하였다고 합니다.

이렇게 5년 동안 고행을 한 싯달타는 다시 우루벨라의 연못가로 옮겨 고행을 계속했습니다. 아래 윗니를 지긋이 물고 혀를 입천장에 댄 다음, 마음을 거두어 깊은 명상에 잠기거나, 호흡에만 모든 의식을 집중하기도 했습니다.

그리고 코와 입을 막아 숨을 멈추기도 했습니다. 한참이 지나면 두 귀에서 북을 치는 소리가 들려왔고, 때로는 온몸에 뜨거운 기운이 가득 차거나, 겨드랑이와 이마에서 구슬 같은 땀이 흘러내리기도 했습니다.

이와 같은 여러가지 무리한 고행을 통하여 싯달타는 육체적인 욕망은 정복할 수 있었지만, 그가 얻고자 했던 생사와 고의 해탈은 얻을 수가 없었습니다. 때로는 해탈의 삼매경三昧境에 잠기기도 하였지만, 삼매에서 깨어나면 다시 현실의 고통이 피와 살을 파고 들었습니다.

지나친 고행…. 마침내 싯달타는 오장이 마르고 기력이 다하여 땅에 쓰러졌습니다.

중도가 성불의 길

　중도를 주제로 삼아놓고 부처님께서 경험하셨던 왕궁의 쾌락적인 삶과 6년의 고행정진에 대해 이토록 오래 이야기한 까닭은, 쾌락도 고행도 잘 사는 길, 참된 도를 이루는 길이 아니라는 것을 강조하기 위해서입니다.
　실로 석가모니불의 전생수행능력이라면, 얼마든지 평이한 집안에 태어나 일찍 출가를 하고 고행 없이 도를 깨달을 수가 있습니다. 하지만 부처님께서는 태자의 신분과 탈진에 이르는 6년 고행의 과정을 거쳤습니다.
　왜 부처님께서는 이와 같은 길을 택하신 것일까요? 바로 우리들 중생을 깨우쳐 주기 위함이셨습니다.
　평이한 사람들은 흔히들, 갖고 싶은 것을 모두 갖고 잘 먹고 잘 입고 잘 즐기고 마음대로 누리는 쾌락적인 삶을 복된 삶이라고 생각합니다. 그러나 부처님께서는 물질적인 풍요나 쾌락으로는 진정한 행복을 얻을 수 없음을 깨닫고 왕궁을 떠나 고행의 길을 택했습니다. 물론 쾌락의 삶이 바람직하지 않다는 것은 대부분의 불자들이 잘 알고 있는 것입니다. 문제는 고행입니다.

"육체적인 고행을 통하여 정신세계를 높이 끌어올려 보다 큰 행복을 얻는다."

인도의 전통적인 수행관은 바로 이러한 것이었습니다. 부처님이 되기 전의 싯달타 또한 그 전통을 따라 뼈를 깎는 고행을 하였지만, 얻은 것은 결코 진정한 행복, 영원한 평화가 아니었습니다. 그런데도 6년 동안 치열한 고행을 했습니다.

왜? 잘못된 수행방법을 파기하기 위해서였습니다. 혹독한 6년 고행! 그만큼 자리잡은 전통이나 관념은 깨기가 어려운 것입니다.

이제 다시 수행자 싯달타 이야기로 돌아갑시다.

❖

지나친 고행으로 기력이 다하여 쓰러진 싯달타의 뇌리에는 번갯불처럼 어린 시절 농경제에 참가했을 때의 일이 스치고 지나갔습니다. 홀로 나무 아래 앉아 명상에 잠겼을 때, 불과 12세의 나이였지만 육체도 정신도 모두 잊은 무아無我의 상태가 되어 오랜 시간동안 삼매三昧에 젖어 들었던 것입니다.

순간, 싯달타는 '육체와 마음을 둘로 나눈 채 도를 구하는 한 최상의 경지에 이를 수 없다'는 것을 깊이 깨닫게 됩니다. 또한 '괴로움의 연속인 생사의 세계와, 괴로움의 불이 완전히 꺼진 열반涅槃의 세계가 따로 존재하는 것이 아님'을 깨닫습니다.

고행을 통하여 생사의 세계를 완전히 뛰어넘어야 열반의 경지에 도달하게 된다는 이제까지의 고정관념부터 탈피해야 됨을 깨닫습니다. 오직 삼매의 수행을 통하여 몸과 마음, 쾌락과 고행, 선善·악惡과 시是·비非와 생生·사死와 유有·무無를 모두 떠난 중도中道의 길에 들어서야 진리를 체득할 수 있음을 깨달은 것입니다.

이러한 깨달음과 함께 싯달타는 스스로에게 다짐합니다.

'고행을 통하여 공덕을 쌓은 것만으로는 결코 해탈의 경지에 이르지 못한다. 모든 괴로움은 번뇌에서 비롯된다. 번뇌를 소멸시키자. 번뇌를 완전히 소멸시킬 때 괴로움은 스스로 사라지고 온전한 깨달음은 저절로 나타난다.

 더 이상 육체를 괴롭힐 것이 아니라, 나의 번뇌를 제거하자. 나의 번뇌를 가라앉히자. 나의 번뇌를 소멸시키자.

 그렇다면 번뇌를 소멸시키는 비결은 무엇인가? 번뇌와 벗하지 않을 뿐더러 그 무엇도 추구하지 않는 것이다. 오직 마음을 비워 적정寂靜의 삼매를 이루어보자. 나의 마음이 한없는 고요함, 곧 적정의 상태에 이르면 저절로 빛 그 자체가 되고 진리 그 자체가 된다. 그것이 위없는 바른 깨달음[無上正覺]이다.'

卍

이렇게 다짐한 싯달타는 6년 동안 매달렸던 고행을 미련 없이 버리고 체력을 회복하고자 합니다. 싯달타는 니련선하尼蓮禪河 강물 속으로 들어가 목욕을 하고, 강가의 숲 속에 앉아 선정에 들었습니다.

 그때 우루벨라 촌장의 딸인 수자타가 수신樹神에게 기도를 드리러 왔다가, 나무 아래에서 좌선을 하고 있는 싯달타를 발견했습니다. 비록 피골은 상접되어 있었지만 신성한 기운이 감도는 그를 대하자, 거역할 수 없는 힘에 이끌려 나무의 신에게 바치고자 마련해 온 유미죽을 바쳤습니다.

싯달타는 유미죽 공양을 기꺼이 받아 먹었습니다. 맛은 비길 데 없이 감미로웠고, 다 먹고 나자 기력이 샘솟았을 뿐 아니라, 고행으로 인해 검은 색으로 변하였던 피부도 원래의 빛으로 돌아왔습니다.

이러한 모습을 옆에서 지켜본 교진여·마승 등의 다섯 시자는 크게 실망했습니다. 일찍이 그들은 싯달타의 용맹스런 고행에 감탄하여 스스로 시중을 들기로 자청하였던 수행자들이었습니다.

"아, 싯달타가 타락했다. 고행을 버리고 음식을 먹었으며, 건강을 위하여 몸에 향유를 발랐다. 여태까지 그에게 걸어왔던 우리들의 기대를 이제 배반당하고 말았다. 더 이상 싯달타에게 기대를 한다는 것은 마치 머리를 감으려는 자가 한 방울의 이슬에 의지하려는 것과 같이 무의미한 것이다."

그들은 싯달타를 버리고 바라나시의 녹야원鹿野苑으로 떠나가고 말았습니다.

하지만 싯달타는 상관하지 않고 위없이 바르고 완전한 깨달음을 이룰 보리도량菩提道場을 향해 나아갔습니다. 곧 니련선하 강물을 건너 전정각산前正覺山 서쪽에 있는 붓다가야에 이르렀습니다.

그리고 풀을 베고 있는 한 사나이로부터 부드럽고 향기가 나는 '쿠샤' 풀을 얻어 큰 보리수 나무 아래로 갔습니다. 마침 그 나무 밑에는 네모 반듯한 바위가 좌대 모양으로 놓여 있었습니다.

'이곳이야말로 보리를 이룰 도량이다.'

확신을 한 싯달타는 동쪽을 향해 풀을 깔고 그 위에 몸을 바로 하고 앉았습니다. 그리고 스스로 맹세했습니다.

"여기 이 자리에서 내 몸은 메말라도 좋다. 가죽과 뼈와 살이 없어져도 좋다. 어느 세상에서도 얻기 어려운 정각을 이룰 때까지는 이 자리에서 결코 일어서지 않으리."

이렇게 하여 부처를 이루기 위한 마지막 준비를 모두 마친 싯달타는 곧바로 중도의 선정삼매禪定三

昧에 빠져 들었습니다.

§

과연 싯달타는 이때 어떠한 내용의 선정을 닦은 것일까? 이 선정의 내용에 대해 구체적으로 밝히고 있는 경전은 없습니다. 그러나 우리는 부처가 되기 전의 싯달타 태자라는 분이 걸어온 자취를 통하여 다소나마 그 내용을 짐작해 볼 수 있습니다.

'나란 무엇인가?'
'중생이란 무엇인가?'
'나를 비롯한 모든 중생은 왜 나고 늙고 병들고 죽는 고통을 겪어야만 하는가?'
'생로병사가 사라진 영원한 행복은 없는 것인가?'

이러한 의문들을 풀고 영원한 행복을 얻기 위해 싯달타 태자는 쾌락이 넘치는 왕궁을 떠나 출가하였고, 6년 동안 금욕과 고행을 하며 형이상학적인 실존實存을 찾고 해탈을 갈구하였습니다.
그러나 이와 같은 방법이 **"지금 이 자리에서 나의**

몸과 마음이 안고 있는 인생의 고苦를 어떻게 영원한 행복으로 바꾸어 놓느냐?"라고 하는 근본적인 고민을 해결하는데는 아무런 도움도 되지 못하였습니다.

그리고 6년 동안의 고행과 실존의 탐색 끝에 드디어 싯달타는 이제까지 닦아온 수행법의 모순점을 확연히 발견하였습니다. 그것은, **"내가 풀려고 하는 문제에 대해 나는 이미 독단과 집착을 가지고 있다"**는 것이었습니다.

'나'에 대한 독단과 집착을 놓지 못한 채 아무리 '참된 나란 무엇인가?'를 되묻고 육체를 괴롭혀본들 어떻게 참된 '나'가 회복되겠습니까? 하물며 '나'를 풀지 못하는데 어떻게 중생의 고(苦)를 풀며, 영원한 행복을 얻을 수 있겠습니까?

이를 깨달은 싯달타는 마침내 결론을 내립니다.

"무엇보다 먼저, 지금 이 자리에서 내가 '나'로서 온전히 있어야 한다."

이러한 결론 아래 싯달타는 6년 동안의 고행과 형

이상학적인 실존의 탐색을 파기破棄하고, 지금 바로 이 자리에서 내가 '나'로서 있을 수 있는 선정을 닦았던 것입니다.

이것이 중도中道의 선정입니다. 바꾸어 말하면, 중도의 선정은 무아를 이루는 수행입니다. 앞에서 살펴본 삼법인 중 '제법무아諸法無我'를 체득하는 선정법입니다.

이 선정은 독단과 집착이 가득한 '나'를 중심에 두고 마음을 맑히는 수행법이 아닙니다. '나'를 비우는 수행법입니다. '나'와 부딪히는 대상과의 타협을 통하여 평화를 얻는 수행법이 아니라, '나'와 대상을 함께 놓아버리고 원래의 근원으로 돌아가 번뇌의 불을 끄고 적정寂靜의 평화를 얻는 수행법입니다.

중도의 선정! 중도는 '나'와 대상 사이에 모순과 걸림이 있을 때 중간 길을 찾는 것이 아닙니다. 나와 대상을 함께 내려놓아 투쟁을 쉬고 원래의 고요함으로 돌아가기 때문에 중도中道라고 한 것입니다.

왜입니까? 대립과 시비를 떠나 원래의 고요함으

로 돌아가면 '나'와 대상 사이에 걸림이 없어지고 함께 살아나게 됩니다. 원융圓融하고 무애無碍하고 함께 살아나는 길! 이것이 참된 가운데 길인 중도中道가 아니겠습니까?

卍

보리수 아래에서의 선정! 마침내 싯달타는 중도선정을 통하여 무아無我의 경지로 접어듭니다. 그리고 선정의 힘이 깊어지자 탐貪·진瞋·치癡 삼독심三毒心의 다른 이름인 마왕魔王과 그 권속에게 힘들임 없이 항복 받고, 고요함과 지혜로움을 함께 갖춘 4단계의 선정〔四禪定〕을 차례로 체득합니다.

이어 하룻밤 사이에 천안통天眼通 등의 육신통을 얻고, 마지막으로 십이인연법十二因緣法을 관조하여 생로병사의 근원인 무명無明을 끊었습니다.

그때가 12월 8일의 새벽! 중도 수행자 싯달타는 동쪽 하늘에서 유난히 반짝이는 샛별을 보는 순간 완전한 깨달음을 얻었습니다. 나고 죽음의 근본 종자인 무명無明의 자취가 사라지면서, 진리 그 자체인 무상정등정각無上正等正覺을 성취하셨습니다. 그리고 스스로 감탄했습니다.

아! 기특하도다. 모든 중생들이 다 이와 같은 지혜와 덕상德相을 갖추었건만, 오로지 번뇌망상에 집착되어 스스로 체득하지 못하는구나. 만일 이 번뇌망상의 집착만 여읜다면 바로 일체지一切智·자연지自然智·무사지無師智를 얻게 되는 것을!

이렇게 하여 수행자 싯달타는 부처님이 되셨습니다. 곧 중도의 수행을 통하여 석가모니부처님이 되신 것입니다.

중도로 초전법륜을

❀

성불 후 석가모니께서는 첫 교화의 대상을 찾아 붓다가야로부터 2백km 떨어진 바라나시 교외의 녹야원鹿野苑으로 갔습니다. 한때 부처님과 함께 고행을 닦았던 교진여憍陣如·마승馬勝·발제리가跋提梨迦·마남구리摩男拘利·십력가섭十力迦葉 등 다섯 수행자들은 멀리서 걸어오는 부처님을 보고 서로 의논하였습니다.

"저기 오는 이는 수행자 고오타마 싯달타가 아닌가. 그는 타락한 수행자다. 고행을 견디지 못하여 중지해버린 그가 무엇을 이룰 것인가? 우리는 그가 가까이 오더라도 경의를 표하지 말자. 그저 수행자의 예절에 따라 발 씻을 물과 음식만 준 다음 마음대로 하도록 내버려두자."

그런데 어찌된 일인지, 부처님께서 오시자 자신도 모르게 일어서서 예배를 드렸습니다. 그리고 옷을 받아들고 발을 씻어 드렸으며, 자리를 정돈하여 가장 윗자리에 앉게 하였습니다.

"이전에 너희들은 나를 버리고 갔고, 지금은 나를 보더라도 경의를 표하지 말자고 약속하였으면서 이토록 정중하게 맞이하는 까닭이 무엇이냐?"

"오, 고오타마여. 얼굴빛이 이전과는 달리 맑고 깨끗하며, 몸에서는 순금과 같은 광채가 납니다."

"그대들은 이제부터 '고오타마'라는 나의 성을 부르는 것을 그만 두기 바란다. 나는 이미 끊을 것을 끊고 깨칠 것을 깨치어 할 일을 다 마친 여래如來가 되었다. 나는 참으로 부처가 된 것이다. 내 가르침에 따라 수행한다면 머지 않아 그대들도 수행의 이상에 도달하여 출가한 목적을 이룰 수 있을 것이다."

교진여는 눈을 크게 뜨고 물었습니다.

"도대체 당신은 언제 부처가 되었습니까? 고행을 하여도 부처가 될 수 없었던 당신이, 고행을 그만 둔 다음 정각正覺을 이루었다고는 생각할 수 없습니다."

"교진여야, 너의 조그마한 지혜로 나의 위없는 깨달음을 헤아리려 하지 말라. 세상에는 두 극단이 있나니, 수행자는 그 어느 쪽으로 기울어져도 안 된다.
 두 극단이란 무엇인가?
 첫째는 관능官能이 이끄는 대로 욕망의 쾌락에 빠지는 것이니, 이것은 저속하고 천하고 어리석고 무익하다.
 둘째는 자기 자신을 괴롭히는 데에 열중하는 것이니, 이것은 괴롭기만 할 뿐 최고의 이상인 깨달음에 이르는 데는 아무런 보탬도 되지 못한다.
 나는 두 극단을 버리고 중도中道를 깨달았다. 이 중도에 의해 성스러운 깨달음을 이룬 것이다."

'쾌락과 고행의 두 극단을 떠나지 못한 수행에는 진정한 깨달음의 결실이 있을 수 없다'는 부처님의 말씀에, 옛날 함께 고행을 했던 다섯 도반은 강한 충격을 받고 중도의 수행법이 무엇인가를 묻습니다.
 이에 부처님께서는 '중도는 곧 정도正道'라는 정의부터 내리고 마땅히 실천해야 할 여덟 가지 바른 길에 대해 설하셨습니다.

"수행자들이여, 중도는 여덟 가지 바른 길[八正道]로 이루어져 있다. 곧 바르게 보기[正見]와 올바른 생각[正思], 올바른 말씨[正語], 올바른 행위[正業], 올바른 생활[正命], 올바른 노력[正精進], 올바른 집중[正念], 올바른 선정[正定]이 그것이다. 이 여덟가지를 팔정도라 하며, 이를 따라 열심히 수행하면 마음이 고요한 정정正定에 들어 생·노·병·사의 번뇌에서 벗어날 수 있느니라."

§

이상이 부처님의 초전법륜初轉法輪, 곧 최초의 법문입니다. 그럼 왜 부처님께서는 최초의 법문으로 중도中道를 설하신 것일까? 중도가 불교의 핵심이기 때문입니다. 중도를 닦아야 부처를 이룰 수 있기 때문입니다.

부처님께서 정의를 내린 바대로 중도는 정도正道, 곧 바른 길입니다. 고행苦行과 낙행樂行에 빠져 참된 자기를 잃어버리는 삶이 아니라, 깨어있는 삶의 길이 중도요, 중도 속에서 깨어있는 자만이 올바른 깨달음[正覺]을 이룰 수 있습니다.

그러나 중도를 실천하기는 결코 쉽지 않습니다. 한결같이 팔정도를 닦아가기는 쉽지가 않습니다. 하지만 잘 살기를 바라고 영원한 행복을 얻고자 한다면 중도를 걸으며 살아야 합니다. 팔정도의 가르침에 따라 살아야 합니다.

실로 중도는 고행과 낙행의 중간 길이 아닙니다. 그렇다고 적당히 사는 것도 아닙니다. 우리의 마음이 한없이 고요해질 때 머물러 있게 되는 길, 모든 집착과 가식을 벗어버릴 때 저절로 나타나는 길이 중도입니다.

우리는 부처님의 가르침대로 중도로 사는 불자가 되어야 합니다. 지금과 같이 험악한 세상 때문에 불안하고, 경제적인 어려움 때문에 힘든 일이 많을수록 정도를 지키며 흔들림없이 살아야 합니다.

중도는 흔들리는 삶의 길이 아닙니다. 세계가 요동치고 사회가 동요해도 중도의 삶을 사는 이는 흔들리지 않습니다. 결코 흔들리지 마십시오. 정도에 의지하여 '나'의 중심을 잡고, 언제나 평온하게 언제나 고요한 마음을 유지하며 나아가야 할 길을 나아가면 중도를 걷는 참사람이 됩니다.

거듭 강조하건데 중도는 정도正道, 곧 바르게 사는 것이요, 정도로 살 때 모든 번뇌의 불길이 완전히 꺼지고 괴로움이 사라진 열반涅槃의 삶을 살 수 있게 됩니다.

부디 명심하십시오. 팔정도를 닦아 참된 중도를 성취하게 되면 우리는 부처가 됩니다. 부처님의 자비가 듬뿍 담긴 중도의 가르침, 이 실천의 가르침을 행하여 깨달음을 이룰 수 있도록 우리 모두 정진합시다. 그 정진만이 부처님의 은혜에 진정으로 보답하는 길이 될 것입니다.

중도 속의 수행과 삶

거문고 줄을 고르듯

 수행 그 자체가 중도를 이루는 과정이었던 부처님이셨기에, 이전의 어느 누구도 주장하지 않았던 중도의 법문을 첫 설법으로 택하셨지만, 그 이후의 설법에서는 거의 중도를 논하지 않았습니다.
 오히려 중도에 이르는 구체적인 방법인 팔정도를 많이 설하셨을 뿐, 중도가 무엇이며 중도의 경지가 어떠하다는 것에 대해서는 거의 설하지 않았습니다. 왜일까요? 팔정도를 실천하면 저절로 중도에 머무를 수 있기 때문이었을 것입니다.
 현재 우리가 경전을 통하여 접할 수 있는 부처님

의 중도법문은 수목나 존자에게 설하신 '거문고 줄 고르기' 정도입니다. 이제 이 이야기를 살펴보면서 중도와 수행에 대해 새겨 봅시다.

❁

수목나 존자는 아주 부유한 집안의 아들로 태어났습니다. 그는 태어나자마자 아버지로부터 '억만금의 재산을 물려주겠다'는 말을 듣게 되었으므로, 수목나, 곧 '문억聞億'이라는 이름으로 불리어지게 되었습니다. 부모가 그를 어찌나 애지중지하며 키웠던지, 다 자랄 때까지 땅을 밟은 적이 없어 발바닥에 털이 날 정도였다고 합니다.

아이가 철이 들자 부처님을 친견하게 해야겠다고 생각을 한 아버지는 부처님께서 계신 곳까지 운하를 팠습니다. 그리고 배를 띄워 수목나로 하여금 부처님께 가서 법문을 듣게 하였습니다.

수목나는 부처님의 법문을 듣는 순간 진리의 세계가 눈앞에 다가오는 듯 했습니다. 그와 함께 '세속의 일에 끄달리다 보면 참된 도를 이룰 수가 없으며, 공부를 하여 도를 이루려면 승려가 되는 것이 마땅하다'고 느꼈습니다.

수목나 존자는 굳은 결심과 함께 출가를 하여 몸을 아끼지 않고 정진하였습니다. 그러나 얼마 지나지 않아 그 곱던 발바닥이 터져, 마치 짐승을 잡아 끌고다닌 것처럼 온 도량이 피로 얼룩졌습니다. 이를 보신 부처님께서는 그를 위해 신발을 신어도 좋다는 법을 제정하셨습니다.

부처님의 깊은 자비 속에서 더욱 열성적인 수행자가 된 수목나 존자는 필사적인 각오로 부처님의 가르침을 받들고 공부했습니다. 그러나 아무리 애를 써도 높은 도의 경지에 이를 수가 없었습니다. 마침내 초조함에 빠진 수목나 존자는 미혹한 생각에 사로잡히게 되었습니다.

'나는 부처님의 제자들 중 누구에게도 지지 않을 정도로 열심히 수행을 하였다. 그럼에도 높은 도의 경지에 이를 수 없는 것은 어인 까닭인가? 내가 돈과는 인연이 많지만, 도와는 인연이 없는 것이 아닐까? 이럴 바에는 차라리 집으로 돌아가서 그 많은 돈으로 부처님과 스님들을 위하여 길을 닦고 절을 짓고 공양을 올리는 것이 더 좋으리라.'

이때 부처님께서는 수목나 존자의 마음을 읽으시고 그를 찾아가 말을 걸었습니다.

"수목나여, 너는 집에 있을 때 무엇을 가장 즐겼느냐?"

"부처님이시여, 저는 거문고 타기를 즐겼습니다."

"그렇다면 잘 알고 있으리라. 수목나여, 거문고 줄이 너무 팽팽하면 어떻게 되느냐?"

"소리가 날카로울 뿐 아니라 줄이 끊어지기도 합니다."

"그렇다면 수목나여, 거문고 줄이 너무 느슨하면 어떻게 되느냐?"

"소리 또한 축 처져 좋지가 않습니다."

"수목나여, 네 말이 옳다. 거문고를 타는데 있어 줄이 적절하게 죄어 있지 않으면 아름다운 소리를 낼 수 없지 않느냐? 이 도道의 실천 역시 마찬가지니라. 세속의 욕망에 사로잡히는 것이나 고행에 열중하는 것, 그 어느 것도 정당하지 못하다. 너무 괴로움을 겪으면 마음이 평정할 수 없으며, 지나치게 긴장을 풀면 심히 게을러지느니라. 마치 거문고의 줄을 고르는 것과 같이 공부를 하되, 너무 긴밀하여서도 아니 되고 너무 늘어지게 하여서도 아니 되느니라.

수목나여, 너는 중中을 취해야 한다. 모든 신묘한 법이 그 가운데 있으니 잘 명심할지니라."

§

거문고의 줄을 고르는 것과 같이 공부를 하되, 너무 긴밀하여서도 아니 되고 너무 늘어지게 하여서도 아니 된다.

중中을 취해야 한다. 모든 신묘한 법이 그 가운데 있다.

부처님께서 수목나 존자에게 깨우쳐 주신 이 말씀이 중도 수행의 기본입니다.

오늘날의 불자들 가운데에도 처음에는 수목나 존자처럼 열성적으로 공부하는 이들이 있습니다. 그러나 처음의 마음처럼 공부가 잘 되지만은 않습니다.

예를 들어 좌선을 할라치면 우선 몸이 따라주지

않습니다. 다리가 아프고 온몸이 뒤틀립니다. 억지로 앉아 있으면 열기가 치솟고, 어떤 이는 상기병上氣病에 걸리기까지 합니다. 그리고 몸이 조금 편안해지면 번뇌가 죽 끓듯이 일어나고 졸음 또한 시도 때도 없이 엄습합니다. 그래서 도중에 공부를 그만두어버립니다. 마치 수목나 존자가 공부를 포기하려 했듯이….

이때 필요한 것이 중도의 지혜입니다. 중도로써 지혜롭게 공부에 임해야 합니다. 중도에 입각하여 느슨해진 몸과 마음을 다잡고, 중도에 입각하여 너무 긴장된 몸과 마음은 풀어주어야 합니다.

때로는 용맹정진도 필요합니다. 게으른 몸과 마음을 극복하고자 하는 용맹심은 꼭 있어야 합니다.

그리고 용이심容易心으로 공부를 하여서는 안 됩니다. 남이 열심히 공부한 이야기를 듣고, '까짓것! 나도 해야지' 하고 시작을 했다가, '나는 그 공부와 인연이 없는가봐!' 하며 자포자기를 하는 경우가 허다하기 때문입니다.

상대적으로 '내가 어떻게 그 어려운 불교공부를 해!' 하면서 퇴굴심退屈心을 일으키는 이들도 있습니다.

　그러나 불교공부는 부처님께서 우리 중생들의 행복과 해탈을 위해 닦아놓은 길입니다. 어찌 퇴굴심을 일으켜 그 길을 마다할 것이며, 참된 공부를 마다할 것입니까?

　　속효심도 내지말고 나태심도 내지 말라
　　슬금슬금 가다보면 해돋을 때 아니 올까

　이 옛 노래처럼 속히 이루겠다는 속효심速效心으로도, 게을러 빠진 나태심으로도 공부를 해서는 안 됩니다. 중도로써 공부해야 합니다. 퇴굴심도 내지 말고 용이심도 내지 말고, 중도를 취하여 공부해야 합니다.
　거문고의 줄을 고르듯이 '나'의 몸과 마음에 맞게 정성껏 공부해야 합니다. 줄의 완급緩急이 알맞아야 미묘한 제 소리를 낼 수 있는 거문고처럼, 스스로의 몸과 마음을 법도에 맞게 조절하여 수행할 때 거룩한 깨달음에 그만큼 빨리 도달할 수 있는 것입니다.

중도의 삶이 제일 가는 즐거움

이제 중도 속의 생활은 어떠한 것인지를 잠깐 살펴보고자 합니다. 과연 세속적인 삶 속에서 중도로 사는 방법은 무엇인가? 『잡아함경』과 『상응부경전』에는 이에 대한 약간의 해학적인 이야기가 수록되어 있어, 욕망을 좇아 세속을 살아가는 우리들에게 중도로 사는 방법이 무엇인지를 깨우쳐주고 있습니다.

❀

어느 때 사위국의 파사익왕은 인접한 여러 나라의 왕들을 불러 연회를 열었습니다. 그들은 미인들의 시중을 받으며 산해진미를 마음껏 먹었고, 음악과 춤을 즐기며 환락을 누렸습니다. 연회가 한창 무르익었을 즈음 누군가 말을 꺼냈습니다.

"우리에게는 눈·귀·코·혀·몸의 다섯 감각기관이 있고, 그 감각기관으로 모양과 소리와 향기와 맛과 감촉을 즐긴다. 이 다섯 가지 중 무엇이 제일 즐거운가?"

이에 왕들은 제각기 의견을 내어놓았습니다. 한 왕은 '아름다운 모양을 보는 것이 제일'이라 하였고, 음악 애호가였던 한 왕은 '소리가 제일'이라 하였습니다. 그리고 여색을 탐하기를 즐겼던 한 왕은 '감촉이 제일'이라 하였으며, 미식가인 한 왕은 '맛있는 것을 먹는 것이 제일', 또 어떤 왕은 '향기에 취하는 것이 제일 즐거운 일'이라고 하였습니다.

왕들은 열심히 자기 주장을 폈습니다. 그러나 애초부터 어느 것이 옳고 어느 것이 그르다고 할 수 있는 문제가 아니었기 때문에, 한 동안의 열띤 토론으로도 결론을 내릴 수가 없었습니다. 마침내 한 왕이 말했습니다.

"우리가 제일이라고 하는 것이 제각기 다르니 결론을 내릴 수가 없다. 부처님께 이 이치를 여쭈어, 부처님 말씀을 결론으로 삼고 기억하자."

왕들은 기원정사로 가서 부처님께 토론한 내용을 말씀드렸습니다. 이에 부처님께서는 아주 명쾌히 말씀하셨습니다.

"누구나 '나'의 뜻에 가장 잘 맞는 것을 제일 좋은 것으로 삼습니다. 그리고 그것에 집착하여 그것을 즐기고 그것을 이룸을 기뻐합니다. 그 욕망을 이루거나 포기하기 전까지는 그보다 더 좋은 것이 있더라도 다른 것을 제일로 삼지 않습니다.

그러나 나는 스스로에게 어울리는 적절한 것, 지나치거나 모자라지 않는 적절한 것을 제일가는 즐거움이라고 합니다."

§

적절함! 스스로에게 어울리는 적절한 것이 제일!

아름다운 것을 계속 접하다보면 그 아름다움이 퇴화하기 마련이요, 좋은 향기를 계속 맡다보면 감각을 잃기 마련이며, 아무리 맛있는 음식도 과도하게 먹거나 매일 먹으면 맛이 없어지기 마련입니다. 적절이 제일! 이 말씀은 중도가 제일이므로 중도로 살아가라는 것과 다르지 않습니다.

인생살이에 있어 인간이 괴로움을 겪게 되는 근원적인 이유는 적절함을 넘어선 지나친 욕심을 추구하기 때문입니다. 능력 이상의 그 무엇에 애착을 느끼고 소유하려 하기 때문에 문제가 생기고 괴로움에 빠지는 것입니다. 적절하지 못한 욕심이 '나'를 중도나 정도가 아닌 샛길이나 엇길로 들어서게 만들어 뜻하지 않은 시련을 겪게 하는 것입니다.

우리가 생활 속에서 참으로 평온하고 행복한 마음으로 살고자 한다면, 무엇보다 먼저 적절함을 지키고자 해야 합니다. 능력껏 형편대로 살고자 해야 합니다.

한마디로 바꾸면 '**지족**知足'. 곧 만족할 줄 알아야 합니다. 밥이면 밥, 죽이면 죽, 형편대로 인연에 맞추어 살 일이지, 무리하게 살아서는 안 됩니다. 무리하게 살기 때문에 극단으로 치닫는 부작용이 생기고, 부작용이 생기면 괴롭지 않을 수 없습니다.

부처님께서는 '모든 것이 인과응보요 과거 전생의 업연業緣따라 될 뿐'이라고 하셨습니다. 실로 인간의 욕심대로라면 못 이룰 일이 없겠지만 현실은 그렇지 않습니다. 욕심 따라 이 일 저 일을 기웃거리지만 뜻과 같이 되지를 않습니다.

돈벌이가 될 일이라고 하면 너도나도 달려들지만 많은 돈을 번 사람은 과연 몇이요, 명예를 얻고자 하는 이는 많지만 후세에까지 길이 명예로운 이름을 남긴 사람은 몇이며, 권좌에 오르고자 하지만 절대적인 권력을 누린 자가 어디에 있습니까?

조그마한 틈만 있으면 눈길을 돌려 구하고 소유하고 이루고자 하지만, 결과는 전혀 엉뚱한 데로 귀착하는 경우가 허다합니다. 왜 뻔한 결과를 직시하지 못하고 스스로의 몸과 마음을 괴롭히며 살아갑니까?

지혜롭게 마음을 닦는 사람들은, '누구나 분수를 따라 먹고 살게 되어 있다'는 것을 잘 알고 있습니다. 아등바등 산다고 하여 더 잘 살 수 있는 것도 아니요. 더 행복해질 수 있는 것도 아니라는 것을 그들은 잘 알고 있는 것입니다.

지혜는 어리석은 생각을 잘 돌이켜 탐착을 벗어버리는 것입니다. 흔히 말하는 부자들은 세상의 돈을 모두 '나'의 것으로 만들어도 만족하지 못하지만, 지혜로운 사람은 **'먹고 쓰고 남은 것은 다 남의 것'**이라고 생각합니다.

이처럼 지혜로운 사람은 먹을 만큼 먹고 쓸 만큼 쓰면 그 뿐, 더 이상 탐착을 하지 않습니다.

지족知足! 그야말로 만족하며 살 뿐, 애써 구하려는 생각이나 소유하려는 생각이 없습니다. 인연 따라 마음을 편안히 하며 살 뿐, 오는 것을 애써 막으려 하지도 않고 가는 것을 굳이 잡으려 하지도 않습니다.

> 편안히 분수대로 만족할 줄 알라
> 욕심이 적으면 유쾌하고 행복하나니
> 安分知足　안분지족
> 小欲快樂　소욕쾌락

행복이란 결코 아둥바둥하는 사람에게 오는 것이 아닙니다. 분수에 만족하며 마음을 편안히 하고 있으면 행복은 저절로 다가옵니다. 자유도 마찬가지요 부귀도 마찬가지입니다. 나에게 필요한 것은 꼭 나에게로 오도록 되어 있고, 나쁜 것이 다하면 좋은 것은 저절로 다가섭니다.

참으로 행복하고 자유롭고 부귀를 누리고자 한다면 **원願을 세우십시오.** 그리고 그 원이 익을 때까지 지족을 익히며 적절함 속에서 마음을 편안하게 하십시오. 원을 새기며 적절함을 지켜 마음을 편안하게 하면, 반드시 꼭 필요하고 좋은 것들이 저절로 찾아들게 됩니다.

참회하고 축원하며 중도를

또 한가지, 생활 속에서 중도의 거룩한 삶을 이루고자 한다면, **'참회와 축원'**을 열심히 할 것을 권해 마지 않습니다.

우리가 지은 그릇된 업을 녹이는 것이 참회요, 우리의 주위에 중도의 맑은 에너지를 가득하게 하는 것이 축원이기 때문입니다.

참회는 어려운 것이 아닙니다. 모든 불자들이 잘 알고 있듯이, **'잘못했습니다. 앞으로는 그와 같은 허물을 짓지 않겠습니다'** 하는 것이 참회입니다. 문제는 가족이나 친구 등의 가까운 사람에게 '잘못했다'는 말을 쉽게 하지 못한다는데 있습니다.

쑥스러움이나 자존심 때문에 소리내어 '잘못했다'고 하지 못한다면 마음속으로라도 하십시오. 참으로 맺힌 업을 녹이는데는 참회가 으뜸입니다. 그리고 참회를 하여 맺힌 것이 풀리면 원래의 원만함이 저절로 나타나게 됩니다.

어찌 이 좋은 참회를 불자가 된 이로써 감히 하지 않을 것입니까!

다음은 축원입니다. 흔히 중도라고 하면 양극단을 떠난 가운데 길이라고 생각합니다. 그럼 묻겠습니다.

사람을 미워하지도 않고 사랑하지도 않는 것이 중도입니까? 아닙니다. 한결같이 사랑하며 사는 것이 중도입니다. 감사를 하지도 않고 원망을 하지도 않는 것이 중도입니까? 아닙니다. 한결같이 감사를 하는 것이 중도입니다.

바꾸어 말하면, 중도는 한결같이 좋은 기운을 발현시켜 향상의 길로 나아가는 것이요, 한결같이 좋은 기운을 발현시키는 최상의 방법은 바로 축원祝願입니다.

참회 끝에 축원을 하는 까닭도 여기에 있습니다. 곧 참회로써 원만함을 이루고, 축원으로 원만해진 그 자리에 좋고 좋은 기운을 채우는 것입니다. 이제 축원을 해보십시오.

"부처님, 저희의 가정에 지혜와 자비와 영광과 행복의 빛이 충만하게 해주셔서 감사합니다. 부처님을 잘 모시고 살겠습니다."

불보살님들께서 빛을 가득 비추어 주시는 광경을 떠올리면서 이와 같은 축원을 하게 되면 가정에는 저절로 좋은 기운이 충만하게 됩니다.

그리고 가족 한사람 한사람의 건강과 그들의 마음 속 소원이 성취되기를 축원한다면, 어찌 그 가정이 평화롭고 화목해지지 않겠습니까?

나아가 부부 또는 부모·자식 사이에 사랑과 감사의 축원을 잊지 않는다면 법계에 충만된 좋은 에너지를 능히 우리의 가정으로 모여들게 할 수 있습니다. 이제 마음 속으로 감사와 사랑의 축원을 해보십시오.

"사랑하는 당신, 정말 감사합니다."
"자비심 깊은 사랑스런 아내여, 참으로 감사합니다."

정녕, 적절함 속에서 만족할 줄 알고, 참회로 서로의 맺힘을 풀면서, 한결같은 축원으로 살아가는 것! 이것이 생활 속에서 중도를 체득하는 방법이라는 것을 명심하시어, 꼭 지족과 참회와 축원을 생활화하시기를 당부 드리면서, 대승불교의 중도사상으로 넘어갑니다.

팔부중도와 삼제三諦

용수보살의 팔부중도八不中道

　대승불교의 중도사상에는 여러 가지가 있지만 근본 골격을 이루는 것은 용수보살龍樹菩薩의 중도사상입니다.
　부처님께서 열반에 드신 후 제자들은 여러 곳으로 흩어져 살게 되었고, 세월이 흐르면서 독자적인 파派를 형성하여 각 파의 교리를 주장하게 되었습니다. 이 시대를 불교사에서는 부파불교시대部派佛敎時代라고 하며, 시기적으로는 불멸 후 1백년부터 대승불교운동이 전개되기까지의 약 4~5백년을 잡고 있습니다.

부파는 약 20여개에 이르렀는데, 부파마다 자기 주장을 내세우면서 '이것이 참된 부처님의 가르침이다'. '아니다. 우리 것이 참된 불교다' 하면서 끊임없이 논쟁을 일삼았습니다. 그러나 깨달은 용수보살의 눈으로 살펴보니 모두가 어느 한쪽에 집착한 주장일 뿐, 진정한 부처님의 가르침이 아니었습니다.

이에 용수보살은 '삿된 것을 부수고 바른 것을 드러낸다'는 **파사현정**破邪顯正을 선언하였습니다. 곧 소승불교의 삿되고 치우친 주장들을 부수어 버리고, 중도에 입각하여 부처님의 바른 법을 다시 세우고자 한 것입니다. 그리하여 용수보살은 『중론中論』과 『대지도론大智度論』을 저술하여 부처님의 근본사상인 중도를 재천명하였습니다. 『중론』의 첫머리에는 다음과 같은 귀경게歸敬偈가 있습니다.

생하지도 않고 멸하지도 않으며
단멸하지도 않고 항상함도 아니며
하나도 아니고 다르지도 않으며
오는 것도 아니고 가는 것도 아니다

不生亦不滅　　불생역불멸
不斷亦不常　　부단역불상
不一亦不異　　불일역불이
不去亦不來　　불거역불래

이것이 유명한 **팔부중도송**八不中道頌입니다. 부파불교가 너무나 생生과 멸滅, 단斷과 상常, 일一과 이異, 거去와 래來의 상대적인 견해에 빠져 진실한 법을 판단하고 주장하자, 용수보살께서 그 모두가 틀렸다며 '아닐 불不' 자를 거듭거듭 사용하신 것입니다.

아니다, 아니다, 또 아니다. 그것은 너희의 주장일 뿐 참다운 부처님의 가르침도 법계의 실상도 아니다. 부처님께서는 쾌락과 고행을 버리고 중도를 택하셨다. 참으로 법계의 진실한 모습을 알고자 하면 한쪽으로 치우쳐 있는 너희의 고집부터 놓아버려라. '아니다·아니다'라는 끊임없는 부정의 과정을 거치고 나면 중도, 곧 법계의 진실한 모습은 저절로 나타난다.

이것이 팔부중도 속에 깃들어 있는 참 정신입니다. 이 팔부중도에 대해서는 역대의 많은 고승과 학자들이 심오하게 풀이하고 거창하게 논하기도 하였지만, 그 복잡한 설은 소개하지 않겠습니다. 오히려 여기에서는 우리의 삶에 이 팔부중도를 비추어 보는 것도 좋을 것입니다.

우리는 인연따라 생멸生滅하는 존재입니다. 태어났다가 죽는 존재이기에 생멸에 집착을 합니다. '우리'라는 존재 그 자체에 대해서도 때로는 단견斷見에 빠져 죽으면 그만이라고 하고, 때로는 영혼불멸의 상견常見에 사로잡힙니다. 삶에 있어서도 잘 되면 영원함〔常〕을 바라고 안 되면 허무주의〔斷〕에 젖어 듭니다.

사랑하는 사람과도 좋을 때는 하나〔一〕임을 강조하다가, 싫어지고 맞지 않으면 다른 존재〔異〕임을 강조합니다. 또한 상대의 가고 옴〔去來〕에 빠지고, 가버린 과거〔去〕와 앞으로 올 미래〔來〕의 시간 속에 얽매입니다.

그러나 이러한 삶의 모습과는 달리, 현상의 밑바닥에 있는 우리의 **본질은 생멸하지 않습니다.** 구름이 일어났다가 사라져도 하늘은 한결같은 것처럼…. 그리고 **인생은 허무하기만 한 것도 영원하지도 않습니다. 주위의 사람들과 '나'는 하나도 아니지만 전혀 별개의 존재도 아닙니다. 또한 '나'의 진정한 삶은 과거에 있지도 미래에 있지도 않습니다.**

그런데도 우리는 고집을 합니다. '나'의 입장에 맞추어 생각을 정립하고 고집을 합니다. 생멸生滅· 단상斷常· 일이一異· 거래去來 등의 상대적인 개념에 빠져, 판단하고 취하고 기쁨과 슬픔에 빠집니다. 그리고 이렇게 사는 이상에는 멋진 삶, 평온한 삶, 행복한 삶을 누릴 수가 없습니다.

그럼 어떻게 하라는 것인가? 그릇되이 집착하고 있는 것을 과감히 부정하라는 것입니다. 한쪽으로 치우쳐 있는 '나'의 고집을 놓아버리고, 마침내는 '나'까지도 놓아버리라는 것입니다.

'**아니다, 아니다.**' 이렇게 스스로의 편견과 집착을 부정하며 중도로 나아가다 보면, 어느 때 진짜가 불쑥 모습을 드러내게 됩니다.

부처님께서는 참 '나'가 무엇인지를 묻는 아난 존

자에게 말씀하셨습니다.

> 가히 남에게 줄 수 있는 것들은
> 자연히 너가 아니니라
> 그러나 남에게 줄 수 없는 것은
> 너가 아니고 무엇이겠느냐?
>
> 諸可還者　제가환자
> 自然非汝　자연비여
> 不汝還者　불여환자
> 非汝而誰　비여이수

이것은 일종의 화두話頭입니다. 나의 옷과 집과 돈 등은 물론이요, 힘을 빌려 줄 수도 생각을 빌려 줄 수도 있습니다. 몸 속의 장기들도 기증할 수 있고, 남을 대신하여 목숨마저 줄 수 있습니다.

'옷·집·돈·생각·힘·신체 장기들은 물론이요 목숨마저도 줄 수 있다. 이는 참된 나가 아니다. 과연 줄 수 없는 그것은 무엇인가?'

이렇게 차례차례로 줄 수 있는 것을 부정하다보면 결국은 줄 수 없는 것에 이르게 됩니다. 물론 줄 것을 다 열거하고 부정한 다음의 한 동안은 강한 의문 속에서 지내게 되겠지만, 마침내는 참된 '나'를 체득하게 됩니다.

이것은 용수보살께서 그릇된 견해를 타파하여 정법을 세운 방법과 일맥상통합니다.

팔부중도! 생활 속에서, 또 불교 공부를 하다가 **'나'의 편견이나 그릇된 고집이 발견되면** 과감히 **'아니다 · 아니다'를 외치십시오. 그리고는 중도를 택해 나아가십시오.** 참으로 멋지고 평온하고 행복한 삶이 저절로 펼쳐질 것입니다.

이제 공空 · 가假 · 중中 삼제를 통하여 참된 중도를 이루는 방법에 대해 함께 살펴보도록 합시다.

공가중空假中 삼제三諦

팔부중도송과 함께 『중론』의 대표적인 게송으로 삼제게三諦偈가 있습니다.

> 인연因緣으로 생겨난 법法
> 나는 그것을 공空이라 설한다
> 그것을 또한 가假라고 이름하며
> 중도中道의 뜻이라고 하느니라
>   因緣所生法 인연소생법
>   我說卽是空 아설즉시공
>   亦爲是假名 역위시가명
>   亦是中道義 역시중도의

이 짧은 게송이 중국 천태종의 개산조인 지자대사에게 큰 영향을 주어 삼제원융관三諦圓融觀을 탄생시켰고, 삼론종과 화엄종의 성립에도 밑거름이 되었습니다.

이 게송은 용수보살께서 중도를 설명하기 위해 만든 것이지만, 뜻이 매우 함축되어 있어서 쉽게 이해를 하지 못합니다. 그러나 집착이라는 단어를 삽입하여 풀어보면 결코 어렵지만은 않습니다.

　인因과 연緣이 모여 이루어진 모든 것. 그것은 공空이다. 빈 것이다. 실체가 없는 것이다.
　그러므로 집착을 하여서는 안 된다. 그리고 '공'이라고 한 것 또한 임시로 정한 거짓 이름이므로 공에 또한 집착하지 않아야 한다.
　그릇된 집착을 철저히 놓아버릴 때 우리는 곧 중도에 머물게 된다.

중도를 이루기 위해서는 지금의 그릇된 집착을 놓아버리고 중도라는 향상의 길에서 살아라는 가르침입니다. 우리를 하늘과 구름에 비유하여 봅시다.
　우리의 참 모습은 하늘입니다. 그리고 지금의 우리는 하늘에서 인연 따라 생긴 구름처럼 살고 있습니다. 구름은 실체가 없습니다. 공이요, 참 모습이 아닌 가상假相입니다. 그런데도 우리는 잠깐 머무르다가 사라지는 구름의 가상을 잡고 삽니다. 거짓 모습에 집착을 하며 삽니다.

거짓 모습을 붙잡고 살면 어떻게 됩니까? 힘들고 괴로울 뿐입니다. 그릇된 길로 나아갈 뿐입니다. 갈수록 좋지 않은 결과가 생겨날 뿐입니다. 그래서 비우라는 것입니다. 거짓 모습에 대한 집착을 비울 때 우리는 바른 눈을 뜨고 중도에서 살 수 있게 됩니다.

일찍이 부처님께서는 '**거짓 모습에 대한 집착을 놓아버리라**'고 하셨습니다. 그리고 '**바른 눈을 떠야 한다, 정견正見을 이루어야 한다**'고 하셨습니다. '**정견을 이루어야 정도正道, 곧 중도中道로 살 수 있다**'고 하셨습니다.

정견正見! 부처님께서는 '네 가지 뒤바뀐 소견〔四顚到見〕'에 빠져 정견을 하지 못한다고 하셨습니다. 곧 상常·낙樂·아我·정淨의 네 가지 측면에서 자신을 잘못 보고 있다는 것입니다.

세상의 사람들은 누구나 영원함〔常〕과 행복〔樂〕과 자유자재한 나〔我〕와 번뇌가 없음〔淨〕을 추구하며 살아갑니다. 그러나 세상은 사람들의 집착이나 희망처럼 따라 주지를 않습니다. 오히려 인과 연이 모여 생겨난 세상사는 덧없습니다. 무상無常할 뿐입니다.

나만의 자유 또한 누릴 수 없습니다. 다른 사람과의 관계 속에 얽혀 살아야 하는 부자유스런 나, 다른 사람이 무너지면 함께 무너져 버리는 나는 그야말로 무아無我의 존재입니다.

이와 같은 인생을 어찌 행복하다 할 수 있겠습니까? 더욱이 생·노·병·사와 이별, 재난, 원수와의 만남 등이 도사리고 있으니, 한마디로 인생을 고苦라고 할 수밖에 없습니다.

그리고 나만의 청정함을 추구하지만 육체는 근본적으로 청정한 것이 아니며〔不淨〕, 번뇌 망상으로 가득한 정신 또한 청정하다고 할 수 없는 것입니다.

이처럼 무상無常하고 고苦요 무아無我요 부정不淨한 인생살이이건만, 우리는 이를 바로 보고 긍정하고 받아들이기 전에 추구부터 합니다. '나'는 상·낙·아·정, 영원하고 행복하고 자유롭고 번뇌가 없는 존재로 살기를 바랍니다.

물론 이와 같은 바람이 나쁜 것은 아닙니다. 오히려 이와 같은 바람은 있어야 하고, 그 바람에 맞는 노력이 뒤따라야 합니다. 문제는 욕심만 앞세울 뿐 현실을 바로 보지 않는데 있습니다.

인연법 속에서 살아가는 삶이 '무상하고 괴로움이 따르고 자유롭지 못하고 근심 걱정이 많다'는 것을 바로 보고 앞으로 나아가야 하는데, 무상도 고도 부자유도 근심걱정도 없었으면 합니다.

여기에서부터 전도顚倒가 시작되고 뒤바뀜이 됩니다. 삶은 더욱 꼬이고 어려워질 수밖에 없습니다.

현실을 극복하기 위해서는 현실에 대한 긍정이 그 무엇보다 앞서야 합니다. 순간적인 회피나 작은 꾀로는 잘 살수가 없습니다.

가假의 현실을 바로 보아 괴로움을 괴로움으로 받아들일 줄 알아야 합니다. 불행하면서 행복한 척 살 수는 없는 것입니다. 무상한 것은 무상한 것으로 받아들일 줄 알고, 번뇌를 번뇌로 인식할 때 새로운 길이 열리는 것입니다.

누구든지 잘 살기를 원한다면, 진정으로 도를 닦기를 원한다면 뒤바뀐 소견부터 버려야 한다. '나' 속의 가假부터 비워버려야 한다. 착각과 거짓된 모습을 비워야 한다. 거짓되고 뒤바뀐 소견을 버릴 때

헛된 욕심이 사라져서 마음이 맑아지고, 맑아지면 다시 중도 위에서 영원하고 행복하고 자유롭고 번뇌가 없는 본래의 '나'를 회복하여, 구름이 아닌 하늘이 되어 살 수 있는 것이다.

공空 · 가假 · 중中이라는 세 가지 진리! 이 셋 중에서 '중'은 중도입니다. 완전한 해탈이요 완전한 깨달음입니다. 열반이요 진여眞如입니다. 이 중도의 경지에 이르려면 우리는 가를 비워야 합니다. 우리의 거짓된 모습을 공으로 만들 때 그 자리에 중中은 저절로 모습을 나타냅니다.

모름지기 중도로 살고 중도를 이루고자 한다면 거짓됨부터 비워버리십시오. 가假가 공空의 세계로 들어갔다가 인연법의 세계로 다시 나올 때 '나'는 중中이 됩니다.

그리고 중中이 되고 나면 가도 공도 모두 완전한 깨달음의 세계로 바뀌고, 별개처럼 이야기되던 공과 가와 중이 하나로 되기 때문에 공 · 가 · 중 이 셋을 세 가지 진리, 곧 삼제三諦라고 한 것입니다.

다시 한번 강조합니다.

이 세상은 가假요 진리의 세계는 공空의 모습입니다. 우리가 가를 비우면 진리의 세계로 들어가고, 진리의 세계에서 공을 체득하고 다시 이 세상으로 나올 때는 지혜와 자비를 함께 갖춘 중도인中道人이 되어, 진공묘유眞空妙有의 삶을 실현하게 되는 것입니다.

부처님께서 최초로 천명하여 오늘날까지 숱한 중생을 깨달음의 세계로 인도했던 중도법문! 이제 온 법계를 향해 축원을 하며 필을 놓습니다.

대우주 법계의 모든 중생이여,
모든 거짓 모습을 비워버리고
원만 · 성취 · 진실이 충만된
중도의 삶을 영위하여지이다.
나무마하반야바라밀.